Liebe die
kostbare
Menschheit

Originalausgabe:
Love Precious Humanity: The Collected Wisdom of Harry Palmer
by Kayt Kennedy, Editor
Published by
Star's Edge International®
237 N. Westmonte Dr.
Altamonte Springs, FL 32714, USA

e-mail: avatar@avatarhq.com
website: www.starsedge.com

Übersetzung:
Christine Bolam

Postfach 101849
D-33518 Bielefeld
Fon 0521/ 67179
Fax 0521/ 68771
1. Auflage 2000

Lektorat:
Hans-Jürgen Zander
Gestaltung und Satz:
Wilfried Klei
Fotos der Innenseiten:
Alexander Haselhoff
Seite 209: MEV
Druck & Verarbeitung:
Kösel, Kempten

Die Deutsche Bibliothek – CIP-Einheitsaufnahme

Palmer, Harry:
Liebe die kostbare Menschheit : Harry Palmer - gesammelte
Weisheiten / Harry Palmer. [Übers.: Christine Bolam]. -
1. Aufl., - Bielefeld : Kamphausen, 2000

Einheitssacht.: Love precious humanity <dt.>

ISBN 3-933496-57-8

Harry Palmer

Gesammelte Weisheiten

Liebe die kostbare Menschheit

zusammengestellt von Kayt Kennedy

Wir haben die Möglichkeit, ein Bewusstsein in uns zu erwecken, in dem Unvernunft bald keinen Raum mehr hat und das die Weisheit schätzt – darin liegt die Hoffnung für zukünftige Generationen.

Harry Palmer

Für Harry in ewiger Dankbarkeit.
Ich kann mir nicht vorstellen, wie mein Leben ohne dich und Avatar geworden wäre. Da es dich gibt, brauche ich das auch nicht.

Kayt Kennedy

Über Harry Palmer

Autor, Lehrer, Vortragender, Wissenschaftler, Programmierer, Umweltschützer, Geschäftsmann, spiritueller Führer, Forscher – Harry Palmer ist ein wahrer Renaissance-Mann. Seit über 30 Jahren spielt er eine leitende Rolle im Feld der Bewusstseinsevolution. Sein Bestseller „Die Kunst befreit zu leben“, in dem er seine persönliche Entdeckung der Erleuchtung beschreibt, war der Auslöser für den weltweit angesehenen Avatar-Kurs. Sein hochgestecktes Ziel, zur Schöpfung einer erleuchteten planetarischen Zivilisation beizutragen, haben sich Zehntausende zu Eigen gemacht.

Über die Herausgeberin

1989 schickte Kayt Kennedy dem Universum ein SOS, und Avatar erschien in ihrem Leben. Von jenem Moment an begann sie, ihr Leben neu zu erschaffen, so wie sie es sich immer erträumt hatte, und es ist ihre größte Freude, andere dabei zu unterstützen, für sich selbst das Gleiche zu tun. Vor ihrem Umzug in den Südwesten der USA war sie Director of Expansion bei Star's Edge International. Kayt ist Herausgeberin der Avatar-Texte und anderer Star's Edge Publikationen und schreibt Artikel für das *Avatar Journal.* Selbst ein Avatar Star Master/Wizard, leitet sie den Avatar-Kurs in Albuquerque, New Mexico, wo sie auch Schreibunterricht gibt – für unterprivilegierte Bevölkerungsschichten und alle, die schon lange davon träumen, Schriftsteller zu sein.

Vorwort

1989 nahm ich an meinem ersten Avatar-Kurs teil und begann, die Weisheiten des Schöpfers von Avatar, Harry Palmer, zu sammeln. Überall in meinem Leben waren diese Weisheitsbröckchen zu finden: Auf Karteikarten mit Eselsohren, Papierschnipseln, Servietten, an den Rändern meiner verschiedenen Kursunterlagen. Schließlich brachte ich all diese Stückchen auf einem Schreibblock zusammen.
Es war ein gutes Gefühl, alles beisammen zu haben, doch immer noch fand ich es umständlich, bestimmte Zitate zu finden und auch, den Block bei mir zu tragen. Ich entschloss mich, meine Sammlung in Buchform zusammenzustellen, sortiert und geordnet. Ich wusste, viele, die dem Avatar-Netz angehören, und viele andere würden es begrüßen, Harrys Einsichten, Offenbarungen und Ratschläge in kompakter, tragbarer Form zur Verfügung zu haben.

Wir sind gesegnet, diesen weisen und bescheidenen Lehrer unter uns zu haben, der uns dabei unterstützt, unsere Glaubenssysteme zu durchschauen, diejenigen, die uns nicht länger dienen, abzubauen und neue zu erschaffen, die zu Gleichgewicht, Harmonie und größerer Freude für uns selbst und unseren Planeten führen.

Vielleicht finden Sie den einen oder anderen Lieblingssatz auf diesen Seiten. Ich bin mir sicher, Sie werden – genau wie ich – sanft daran erinnert werden, Ihr Leben bewusst zu leben.

In Liebe
Kayt Kennedy

Wertschätzung

Appreciation

Wertschätzung

Appreciation

Wertschätzung setzt sich aus Verständnis, stillem Erstaunen und Dankbarkeit zusammen. Etwas wertzuschätzen bedeutet, es erlebbar zu machen und zu integrieren.

Appreciation is a combination of understanding, quiet amazement, and gratitude. Appreciating something permits its experience and integration.

Uns belastet oder bestimmt nur das, was wir nicht wertschätzen. Im Umfeld von Wertschätzung werden Begehren und Widerstand zu Wissen.

The only things that burden or define us are those things that are not appreciated. In the presence of appreciation, desire and resistance transform into knowledge.

Wertschätzung

Appreciation

Willst du beginnen, dein Leben zu klären, dann musst du jetzt zu deiner Lebenssituation stehen und sie wertschätzen – ständig.

To begin the process of sorting out your life, you must own and appreciate the circumstances you find yourself in right now – continuously.

Stress entsteht durch den Unwillen, eine Schöpfung zu erfahren. Entspannung tritt ein, wenn die Schöpfung gewürdigt wird.

Stress results from an unwillingness to experience a creation. Relaxation is restored by an appreciation of the creation.

Aufmerksamkeit

Attention

Aufmerksamkeit

Attention

Das englische Wort für Aufmerksamkeit ist attention. Es ist eine Ableitung vom lateinischen *ad tendere*, was bedeutet, sich zu etwas hin ausdehnen. Wenn du deine Aufmerksamkeit auf etwas richtest, dann dehnst du dein Gewahrsein dahin aus.

The word attention is derived from the Latin ad tendere, meaning to stretch toward. When you put your attention on something, you stretch your awareness toward it.

Seelenfrieden entsteht nicht durch Flehen oder Bittgebete, sondern dadurch, dass du deine Aufmerksamkeit beherrschst.

Peace of mind is not produced by pleas or supplication, but by achieving command of your own attention.

Aufmerksamkeit
Attention

Aufmerksamkeit zieht, wie auch die Schwerkraft, alles zu ihrem Ursprung hin und hält es dadurch an seinem Platz. Für beide sind die Eigenschaften der Dinge ohne Belang.

Attention, like gravity, holds things in place by drawing them toward its source. The character of what is attracted is of no concern to either.

Aufmerksamkeit verdichtet einen Glauben zu einer Realität.

Attention solidifies a belief into a reality.

Aufmerksamkeit

Attention

Interesse wird durch freie Aufmerksamkeit genährt. Obsessionen werden durch fixierte Aufmerksamkeit genährt. Du kannst dein Interesse verstärken, indem du ihm mehr Aufmerksamkeit widmest.

Interest is fueled by free attention. Obsessions are fueled by fixed attention. You can intensify your interest by supplying more attention.

Überraschung heißt, einen Eindruck zu erhalten, der zu dem im Gegensatz steht, wonach Ausschau zu halten du deine Aufmerksamkeit programmiert hast.

Surprise is receiving an impression contrary to what you programmed your attention to look for.

Aufmerksamkeit

Attention

Gravitationsteilchen erschaffen Masse. Aufmerksamkeitsteilchen erschaffen Identität (Selbst).

Gravity particles create mass. Attention particles create identity (self).

Korrekt eingesetzt dient Willenskraft nicht der Eroberung und Unterwerfung, sondern der disziplinierten Kontrolle deiner eigenen Aufmerksamkeit.

The proper use of will power is not conquest and subjugation, but the disciplined control of your own attention.

Aufmerksamkeit

Attention

Gewissheit ist tiefstes Vertrauen. Vertrauen ist höchstkonzentrierte Aufmerksamkeit, die Überzeugungen zu Wirklichkeiten verdichtet.

Certainty is total faith. Faith is a super-concentrated attention that solidifies a belief into a reality.

Avatar

Avatar

Avatar
Avatar

Die Mission von Avatar in der Welt ist es, die Integration von Glaubenssystemen zu beschleunigen. Wenn wir wahrnehmen, dass wir uns allein durch unsere Überzeugungen voneinander unterscheiden und dass diese mit Leichtigkeit erschaffen und ent-schaffen werden können, dann kommt das Spiel von Richtig und Falsch zum Ende, und der Weltfrieden wird daraus folgen.

The mission of Avatar in the world is to catalyze the integration of belief systems. When we perceive that the only difference between any of us is our beliefs, and that beliefs can be created and discreated with ease, the right and wrong game will wind down, and world peace will ensue.

Avatar ist ein Weg zur Wahrheit, der nicht mit einer Lüge beginnt.

Avatar is a path to truth that doesn't begin with a lie.

Avatar

Avatar

Mit Avatar gewinnt jeder. Jeder, der ein Avatar wird, verschiebt das kollektive Bewusstsein in Richtung größerer Toleranz und größeremVerständnis. Dir selbst mit Avatar zu helfen hilft zugleich allen anderen.

With Avatar everyone wins. Every person who becomes an Avatar shifts the collective consciousness toward greater tolerance and understanding. Helping yourself with Avatar helps everyone else at the same time.

Der Sinn der Avatar Initiation ist es, den Suchenden in den Polierer zu verwandeln.

The purpose of the Avatar initiation is to transform the seeker into the polisher.

Avatar

Avatar

Wir sind keine Entsager, deshalb geben wir die Avatar-Lehren gegen Geld weiter, aber unsere Liebe, Sorgfalt, Freundlichkeit und Ratschläge sind kostenlos.

Because we are not denunciates, the Avatar teachings are exchanged for money, but our love, care, kindness, and advice are free.

Die Wahrheit, die ein Avatar Meister lehrt, braucht keinen Namen. Sie bewegt sich nicht durch die Welt, sondern ist ein liebevolles Vorbild für die Bereitschaft, Bewusstsein zu teilen.

The truth that an Avatar Master teaches does not require a name, for it does not pass through the world, but is the loving model of willingness to share consciousness.

Avatar

Avatar

Als Avatare erinnern wir uns, wer wir sind und wer nicht. Wir erinnern uns, dass wir keine Dinge sind. Wir erinnern uns, dass wir keine nationalistischen oder rassistischen Ideen sind, für die die Menschen kämpfen. Wir sind weder Äußerungen noch Identitäten. Wir sind der Ursprung dieser Dinge und können Besseres erschaffen.

As Avatars, we remember who we are and who we are not. We remember we are not things. We remember we are not any of the ideas of nationalism or race that humans fight over. We are neither expressions nor identities. We are the source of these things, and we can create better.

Religionen sind enthüllte Lehren. Philosophien sind abgeleitete Lehren. Avatar ist eine erfahrbare Lehre.

Religions are revealed teachings. Philosophies are deductive teachings. Avatar is an experiential teaching.

Avatar

Avatar

Als Avatare wollen wir für unsere Selbsterschaffung verantwortlich sein – nicht nur dafür, an einen Punkt zu kommen, wo wir mit uns selbst leben können. Wir sind Schöpfer, keine Anpasser.

As Avatars, we want to be responsible for creating ourselves, not just for getting to a point where we can live with ourselves. We're creators, not adjusters.

Gewahrsein

Awareness

Gewahrsein

Awareness

Das Mantra von Gewahrsein ist nicht OM, es ist AAAH!

The mantra of awareness is not Om; it is Aaah!

Gewahrsein und Bewusstsein sind nicht dasselbe. Gewahrsein ist von nichtdimensionaler Qualität, jenseits von Existenz oder Nicht-Existenz. Bewusstsein wird durch Gewahrsein geschürt. Gewahrsein ist wie der Strom, der einen Computer antreibt.

Awareness and consciousness are not the same. Awareness has an adimensional quality about it that is beyond existence or not-existence. Consciousness is fueled by awareness. Awareness is like the electricity that powers a computer.

Gewahrsein

Awareness

Das Herz unmanifesten Gewahrseins kann dadurch erreicht werden, dass schrittweise alle *wahrgenommenen* Definitionen diskreiert werden, alle *Ich bin*-Schöpfungen und schließlich der gesamte Raum.

The heart of unmanifest awareness can be reached by successively discreating all as perceived by definitions, all I am creations, and finally, all space.

Auf seiner höchst möglichen Ebene ist Gewahrsein einfach der Drang, zu erschaffen.

At its highest possible level, awareness is simply the urge to create.

Gewahrsein

Awareness

Gewahrsein erhellt die Wirklichkeit. Dinge, die Gewahrsein reflektieren, werden begehrt; Dinge, die Gewahrsein absorbieren, werden abgelehnt.

Awareness illuminates reality. Those things that reflect awareness are desired; those things that absorb awareness are resisted.

Karma ist das Lösegeld, welches wir für die Wiederkehr von Gewahrsein zahlen.

Karma is a ransom paid for the return of awareness.

Sein

Being

Sein

Being

Du bist viel tiefer, viel breiter, viel heller als jegliche Vorstellung, die du von dir haben könntest.

You are much deeper, much broader, much brighter than any idea you could have of yourself.

Wenn es um das Sein geht, ist deine mühe-loseste Beschreibung am ehesten göttlich.

In regard to being, your most effortless definition is closest to divine.

Sein

Being

Der Zustand des Seins ist grundlegender als der der Existenz.

Being is a more fundamental condition than existence.

Wenn du eine Seinsebene einnimmst, die weit genug ist, um das Universum in sich aufzunehmen, dann ist das Universum in dir.

If you assume a level of being that is expansive enough to contain the universe, then the universe is within you.

Sein
Being

Wenn du deine Verantwortlichkeit weit genug ausdehnst, hast du es immer mit einem selbststimulierenden geschlossenen System zu tun.

Expand responsibility broadly enough, and you are always dealing with a self-stimulating closed system.

Nie gab es etwas außerhalb von dir und nie wird dem so sein. Der Ausdruck des Unendlichen, ein Freudenfest, wenn du entdeckst, DAS EINE bist DU.

Never was there anything outside of you.
Never shall there be. The infinite expressed,
a celebration to discover, YOU are the ONE.

Sein

Being

Ich bin **wird von Adjektiven leicht überwältigt.**

I am is easily overwhelmed by adjectives.

Definitionen, Konzepte, Ideen und Gedanken können ausgelöscht werden, aber nicht das unbegrenzte Sein. Die Upanishaden sagen: „Wenn ein Mensch es versäumt, das unbegrenze Sein vor dem Verlassen seines Körpers zu realisieren, dann muss er in der Welt der erschaffenen Dinge erneut einen Körper anziehen.“

Definitions, concepts, ideas, and thoughts may be extinguished, but not undefined being. The Upanishads say, „If a man fails to realize undefined being before he casts off his body, he must again put on a body in the world of created things.“

Sein

Being

Welch fabelhafter Moment, in dem du erkennst, dass kein Wort oder Gedanke dich wirklich beschreiben kann.

What a fabulous moment, to realize that no word or thought can truly describe you.

Wenn eure ureigene wahre Natur verwirklicht ist – unbegrenzt und stets gegenwärtig – werden alle erkennen, dass es keinen Gewinn gibt, an dem wir nicht alle beteiligt sind, und keinen Verlust, für den wir nicht alle ein Opfer bringen.

As your own true nature is realized – undefined and ever present – all will recognize that there is no gain that we do not all participate in and no loss for which we do not all share the sacrifice.

Sein

Being

Die Welt ist ein Spiegelbild von mir.

The world is a reflection of me.

Wenn du dir den Standpunkt zu Eigen machst, dass es nichts gibt, was nicht Teil von dir ist, dass es niemanden gibt, der nicht Teil von dir ist, dass jedes deiner Urteile ein Selbsturteil ist und all deine Kritik Selbstkritik, dann wirst du dir selbst klugerweise bedingungslose Liebe schenken, die das Licht der Welt sein wird.

When you adopt the viewpoint that there is nothing that exists that is not part of you, that there is no one who exists who is not part of you, that any judgment you make is self-judgment, that any criticism you level is self-criticism, you will wisely extend to yourself an unconditional love that will be the light of the world.

Überzeugungen

Beliefs

Überzeugungen

Beliefs

Überzeugungen, die du wirklich hast, an die du entschieden glaubst, die dein Glaube sind, werden dich dazu bringen, dir Erfahrungen zu erschaffen oder an dich zu ziehen, durch die sie bestätigt werden.

The beliefs you truly hold, the ones you've decided to believe, your faith, will cause you to create or attract the experiences which will verify them.

Wie stark eine Überzeugung die Wirklichkeit beeinflusst, hängt von dem Grad der Gewissheit ab, mit dem sie gehalten wird.

How much a belief affects reality is determined by the measure of certainty with which it is held.

Überzeugungen

Beliefs

Unsere Wirklichkeit wird davon bestimmt,
was wir glauben und wie wir glauben.

What we believe and how we believe determine
our reality.

Überzeugungen sind Gedankenformen,
durch die wir die Wirklichkeit erschaffen,
interpretieren und mit ihr interagieren.

Beliefs are the thoughtforms through which we create,
interpret, and interact with reality.

Überzeugungen

Beliefs

Wenn du sagst, dass du etwas glaubst, aber etwas ganz anderes erlebst, dann sprichst du darüber, was du glauben solltest und nicht was du wirklich glaubst.

When you say you believe one thing yet experience something different, you are saying what you ought to believe rather than what you do believe.

Es ist leichter zu beobachten, was Menschen glauben, als sie dazu zu bringen, es dir zu sagen.

It's easier to observe what people believe than it is to have them tell you.

Überzeugungen

Beliefs

Wir täuschen vor, wenn unsere Fantasie nicht in Vertrauen gründet. Wir erschaffen, wenn unsere Fantasie in Vertrauen gründet. Wer an seine Vortäuschungen glaubt, erschafft sie als wirklich.

Pretending is imagination without faith. Creating is imagination with faith. When you believe in your pretenses you create them for real.

Deine persönliche Wirklichkeit zeigt, was du wirklich glaubst – das entspricht nicht immer dem, was du zu glauben vorgibst.

Personal reality reflects what you really believe – not always the same as what you may be pretending to believe.

Überzeugungen

Beliefs

Du erlebst das, was du glaubst; es sei denn du glaubst, das sei nicht so. Dann wird es auch nicht so sein; also erlebst du das, was du glaubst.

You experience what you believe, unless you believe you won't, in which case you don't, which means you did.

Alles, was du weißt, wird zu einem Glauben, sobald du es ausdrückst.

What you know becomes a belief as soon as it is expressed.

Überzeugungen

Beliefs

Du kannst alles glauben, was du willst, und wenn du dich entscheidest, es ohne Zweifel zu glauben, wird es zu dem, was du als deine persönliche Wirklichkeit erlebst.

You may believe anything you please, and when you decide to believe it without doubt, it is what you will experience as your personal reality.

Wissen ist ein anderes Wort für deine zweifelsfreie Überzeugung, im Recht zu sein.

Knowing is another word for believing without doubt that you are right.

Überzeugungen

Beliefs

Deine Überzeugungen, ob bewusst gewählt oder auferlegt, erschaffen ein Modell, mit dem du die Wirklichkeit einordnest, benennst und strukturierst.

The beliefs that you hold, whether deliberately chosen or indoctrinated, create a model for interpreting and structuring reality.

Überzeugungen sind Samen, die eines Tages zu Wirklichkeiten erblühen werden.

Beliefs are seeds that will one day flower into realities.

Überzeugungen

Beliefs

Um etwas zur Wirklichkeit zu machen, musst du an es glauben. Damit es für andere wirklich wird, müssen sie an es glauben.

To make something real you must believe in it. For it to be real to others, they must believe in it.

Eine Sache ist nur insofern komplex, wie sie nicht mit dem übereinstimmt, was du bereits glaubst.

Something is complex only to the degree that it does not fit with what you already believe.

Überzeugungen

Beliefs

Anschauungen erschaffen eine Trennung zwischen dem Selbst und dem Universum. Dies bin ich. Das ist das.

Beliefs create separation between self and the universe. This is me. That is that.

Wenn du deine Überzeugungen änderst, werden sich deine Erfahrungen ändern.

When you change your beliefs, your experiences will change.

Bewusstsein

Consciousness

Bewusstsein

Consciousness

Hast du jemals einen Clown gesehen, der einen Seidenschal aus der Tasche zieht, an den ein weiterer Schal geknotet ist, und noch einer und noch einer, bis der gesamte Boden mit Schals bedeckt ist, und kein Ende in Sicht ist? So sieht es aus, wenn man versucht, dem Bewusstsein das Bewusstsein zu erklären. Ziemlich bald liegt das gesamte Universum auf dem Boden, und kein Ende ist in Sicht.

Have you ever seen a clown who pulls a silk scarf out of his pocket, and it's tied to another scarf and another scarf and another scarf until the whole floor is covered with scarves, and there is no end in sight? That's what it's like trying to explain consciousness to consciousness. Pretty soon the whole universe is on the floor, and there is no end in sight.

Ernsthaftigkeit führt zu einer Bewusstseinsverengung.

Seriousness results in a contraction of consciousness.

Bewusstsein

Consciousness

Bewusstsein ist nicht aus dem Universum entsprungen; das Universum ist aus dem Bewusstsein entsprungen.

Consciousness did not evolve from the universe; the universe evolved from consciousness.

Bei den Eskimos gibt es vierzig Möglichkeiten, Schnee zu sagen – in jedem Wort liegt die Möglichkeit, Bewusstsein zu sagen.

The Eskimos have 40 ways of saying snow – all words are a way of saying consciousness.

Bewusstsein

Consciousness

Ganz gleich was du studierst, früher oder später wird es dich zum Studium deines eigenen Bewusstseins führen.

Sooner or later, no matter what you are studying, it will eventually lead to a study of how your own consciousness works.

Eine Sache ist solange vernünftig, wie sie zu der Art passt, auf die du dein Bewusstsein strukturierst.

Something is reasonable as long as it fits with the way you structure your consciousness.

Bewusstsein

Consciousness

Die Welt wird immer genauso viel Konflikte und Leiden enthalten, wie es Unwissenheit und Angst im Bewusstsein der Menschheit gibt.

There will always be as much conflict and suffering in the world as there is ignorance and fear in the consciousness of humanity.

Die Probleme der Welt müssen letztendlich dort gelöst werden, wo sie ihren Ausgang nahmen – im Bewusstsein.

The problems of the world must ultimately be solved where they began – in consciousness.

Bewusstsein

Consciousness

In der Bewusstseinsordnung der Tiere wird Ordnung durch Dominanz erzielt. Intellektuelles Bewusstsein stellt Ordnung durch Streit und Debatten her. Spirituelles Bewusstsein erschafft Ordnung durch Respekt.

Order is established in animal consciousness by dominance. Order is established in intellectual consciousness by argument or debate. Order is established in spiritual consciousness by respect.

Begehren und Widerstehen

Desire & Resist

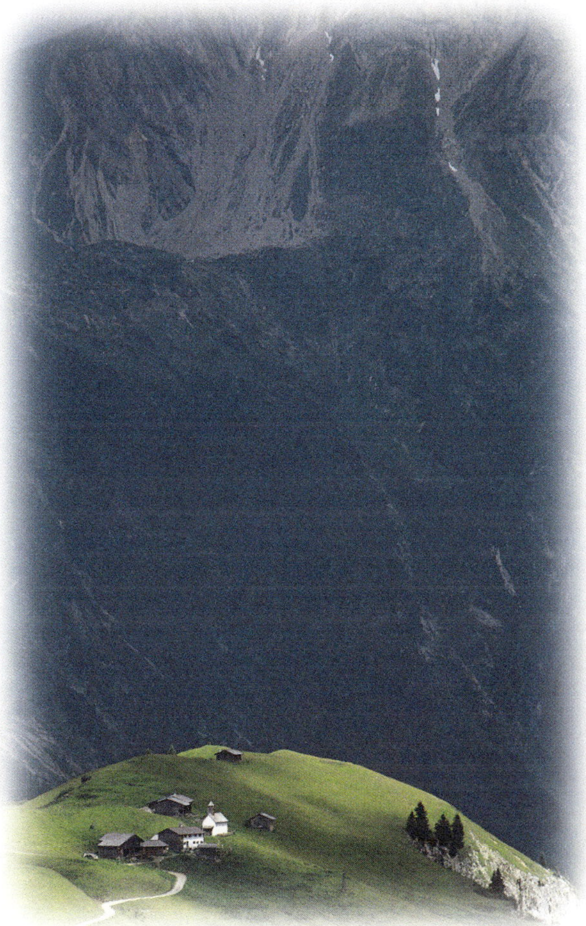

Begehren und Widerstehen

Desire & Resist

Begehren ist ein Enzym, das in jedem Vorhaben die immanente Energie, es zu erreichen, frei setzt.

Desire is an enzyme that releases the energy for attainment contained in a purpose.

Seelenfrieden entsteht nicht, wenn deine Wünsche erfüllt werden; er entsteht, wenn du deine Wünsche verlierst.

Peace of mind is not the result of obtaining your desires; it is the result of losing your desire.

Begehren und Widerstehen

Desire & Resist

Einer Schöpfung zu widerstehen bedeutet, dass du nicht willens bist, sie als deine anzunehmen, sie zu erleben und dich als ihren Ursprung zu erkennen.

Resisting a creation means that you will not willingly own it, experience it, or recognize yourself as its source.

Beide, dein Begehren und dein Widerstehen führen dazu, die Schöpfung anzuziehen, der deine Aufmerksamkeit gilt.

Either desiring or resisting results in the attraction of the creation that is the subject of your attention.

Begehren und Widerstehen

Desire & Resist

Wenn du einer Sache starken Widerstand leistest, projizierst du sie in dein Umfeld und umgibst dich so mit ihr.

If you resist something with enough force, you project it into the environment and are surrounded by it.

Die beste Möglichkeit, etwas festzuhalten, ist ihm zu widerstehen.

The surest way to make something persist is to resist it.

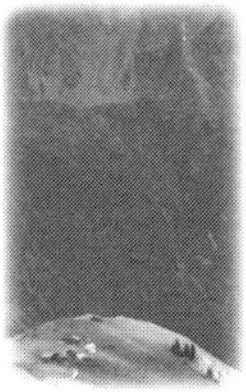

Begehren und Widerstehen

Desire & Resist

Der Intensitätsgrad deines Leidens wird von den Schöpfungen bestimmt, mit denen du identifiziert bist und die du zugleich ablehnst.

The degree of intensity you suffer in your life is determined by the creations you are identified with but are resisting.

Wenn du deiner Entscheidung, etwas zu glauben, Widerstand leistest, entsteht Heuchelei.

Pretending is resisting what you decided to believe.

Begehren und Widerstehen

Desire & Resist

Verlangen ist das Widerstreben, ohne etwas zu sein. Widerstand ist der Wunsch, ohne etwas zu sein. Die Wurzel von beiden ist Sehnsucht.

Desire is a resistance to being without. Resistance is a desire to be without. At the root of both is longing.

Wir sind unfähig, die Handlungen eines anderen zu verstehen, wenn wir uns weigern, seinen Standpunkt einzunehmen. Das ist die Ursache von Intoleranz.

We are unable to understand the actions of another because of our resistance to being that viewpoint. This is the cause of intolerance.

Begehren und Widerstehen

Desire & Resist

Dein Widerstand, dich mit einer Wirklichkeit zu identifizieren und dich als ihren Ursprung zu sehen, lässt diese Wirklichkeit jenseits deines Verstehens und deiner Kontrolle geschehen. Widerstand erschafft neue Quellen für Wirklichkeiten.

Resisting identifying and experiencing yourself as the source of a reality leaves that source of reality operating beyond your understanding and control. Resistance creates new sources of reality.

Deine Beziehung zu Ärger, Schmerz, Vorstellungen oder Angst kannst du nicht durch Widerstand verändern. Du musst sie bis zur Neige erleben, widerstandslos, bevor du über sie hinausgehen kannst.

You cannot change your relationship to an upset, pain, idea, or fear by resisting it. You must experience it to its limits, without resistance, before you can step beyond.

Begehren und Widerstehen

Desire & Resist

Verlangen. Widerstände. Sie liefern die Motive, die dein Leben lenken, wenn du es nicht selbst tust.

Desires. Resistances. They supply the motives that direct your life when you don't.

Ego

Ego

Ego

Ego

Das Ego taucht auf, wenn du beginnst, die Definition, die du angenommen hast, zu verteidigen oder anzuerkennen.

The ego arises when you begin to defend or acclaim the definition you have assumed.

Der einzige Zweck des Ego ist es, von anderen Aufmerksamkeitspartikel zu bekommen, sei es offen oder heimlich.

The ego's sole purpose is to acquire attention particles from others, overtly or covertly.

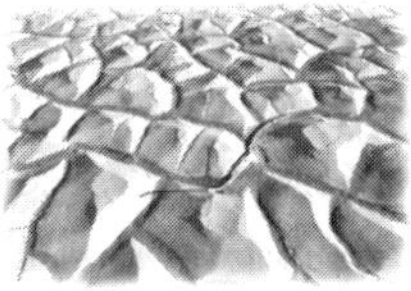

Ego

Ego

Das Hauptinteresse des Ego liegt nicht in der Erleuchtung, sondern darin, von seinen Nachbarn gelobt zu werden.

The ego's primary interest is not in becoming enlightened but in receiving the praise of its neighbors.

Ego ist das Versäumnis, einzusehen, dass du in ein symbiotisches System verwickelt bist.

Ego is a failure to recognize that you are involved in a symbiotic system.

Ego

Ego

Das Ego ist grundsätzlich damit beschäftigt, seinen eigenen eingebildeten Vorteil auszurechnen.

The ego is fundamentally concerned with calculating its own imagined advantage.

Wahre Spiritualität bietet dem Ego keinen Vorteil, nur die Auslöschung.

True spirituality offers no benefit to the ego – only extinction.

Erleuchtete planetarische Zivilisation

Enligtened Planetary Civilization

Erleuchtete planetarische Zivilisation

Enlightened Planetary Civilization

Wenn du einen Pfeil abschießen, ihn dann im Fluge anhalten und an ihm entlang schauen würdest, dann wüsstest du, wohin er fliegt. Wenn du das Leben im Flug anhältst und an ihm entlang schaust, dann wirst du sehen, dass es auf eine erleuchtete planetarische Zivilisation zustrebt.

If you fired an arrow, stopped it in its flight, and sighted along the arrow, you would see where it was going.
If you stop life in flight and sight along it, you will see that it is headed toward an enlightened planetary civilization.

Dein größter Beitrag zu einer erleuchteten planetarischen Zivilisation ist es, an sie zu glauben. Dein mächtigstes Werkzeug ist dein Vertrauen.

Your biggest contribution to an enlightened planetary civilization is that you believe in it. The most powerful tool you have is your faith.

Erleuchtete planetarische Zivilisation

Enlightened Planetary Civilization

Das Beispiel, das du mit deiner eigenen Lebensführung setzt, ist dein erster Beitrag zu einer erleuchteten planetarischen Zivilisation.

The first contribution you make to an enlightened planetary civilization is the example set by how you live your own life.

Was ist die wahre Arbeit, die auf diesem Planeten geleistet werden muss?... Dass wir unser eigenes Bewusstsein vergrößern, uns erinnern, dass unsere essentielle Natur gewaltlos ist, und dass wir das Ausmaß an Mitgefühl und Kooperation auf diesem Planeten vermehren.

What is the real work to be done on this planet?...It's to make ourselves more aware, to remind ourselves that our essential nature is nonviolent, and to increase the amount of compassion and cooperation on the planet.

Erleuchtete planetarische Zivilisation

Enlightened Planetary Civilization

Die Vorhut einer erleuchteten planetarischen Zivilisation wird durch verleumderische Kritik und fanatische Urteile oft in die breite Masse zurückgezogen, doch dadurch bewegt sich die Masse zentimeterweise vorwärts.

The vanguards of an enlightened planetary civilization are often pulled back into the masses by slanderous criticism and rabid condemnation, but in the process the masses inch forward.

Freue dich auf das Morgenrot einer erleuchteten planetarischen Zivilisation und beginne, es zu feiern.

Anticipate and begin to celebrate the dawn of an enlightened planetary civilization.

Erleuchtung & Evolution

Enlightenment & Evolution

Was bedeutet Erleuchtung? Sie bedeutet, dass du aufhörst, dich selbst für ein begrenztes, klar umrissenes Einzelwesen zu halten. Sie bedeutet, dass dein Eigeninteresse so groß wird, dass alle Facetten und Sichtweisen darin enthalten sind.

What does enlightenment mean? It means you stop thinking of yourself as a limited, defined individual. It means that your self interest becomes so broad that it contains all facets and all viewpoints of life.

Das Verlangen nach persönlicher Erleuchtung ist ein Hindernis zu ihrer Verwirklichung.

The desire for personal enlightenment is an obstruction to its attainment.

Erleuchtete Wesen erschaffen nicht aus Angst oder Bedürftigkeit, sondern aus reiner Freude am Teilen und Entfalten.

Enlightened beings do not create out of fear or need, but out of the sheer delight of sharing and evolving.

Geheimnisse trennen dich von der Einheit des Lebens. Geheimnisse trennen dich von deiner eigenen Erleuchtung.

Secrets separate you from the unity of life. Secrets separate you from your own enlightenment.

Wenn wir Darwin aus der Gleichung streichen, überlebt das Wesen am ehesten, das seine Überlebenspartner unterstützt. Kooperation statt Konkurrenz. Andernfalls würde die Evolution mit dem Erscheinen eines unbesiegbaren Scheusal enden.

Taking Darwin out of the equation, that which survives best is that which enhances its survival partners. Not competition, but cooperation. Otherwise evolution would end with the appearance of one undefeatable brute.

Ihr alle seid Zeitreisende, jeder betraut mit dem Fragment einer evolutionären Landkarte.

You are all travelers in time, each entrusted with a fragment of some evolutionary map.

Erleuchtung & Evolution

Enlightenment & Evolution

Beginne dir einmal als optimale Vorbereitung zum Verständnis der Menschheit vorzustellen, du seist Soziologe, der einer erleuchteten außerirdischen Rasse angehört und der die menschliche Entwicklung und Evolution studiert.

The best preparation for understanding humankind is to begin by imagining that you are a sociologist from an enlightened extraterrestrial race who is studying human evolution and development.

Bald wirst du dich entfalten und dem weiteren Universum verkünden: „Ich bin bereit, zu spielen.“

Soon you will evolve and to the greater universe announce, „I am ready to play.“

Verwirrung und Erleuchtung sind die einzigen Zustände, die sich selbst ohne Mühe aufrechterhalten.

Confusion and enlightenment are the only states that will sustain themselves without any effort.

Philosophie ist die Erforschung des Bewusstseins durch das Bewusstsein. Ein Denken über das Denken. Das ist der Unterschied zwischen einem Jünger und einem erleuchteten Menschen. Ein Jünger denkt. Ein erleuchteter Mensch beobachtet.

Philosophy is the exploration of consciousness by consciousness. It's thinking about thinking. It's the difference between a disciple and an enlightened man. A disciple is thinking. An enlightened man is watching.

Erfahrung

Experience

Erfahrung

Experience

Erfahrung bedeutet, mit deinen eigenen Gedanken und Wahrnehmungen ohne Umschreibung, Erwartung oder Urteil gegenwärtig zu sein.

Experience is being present, without definition, expectation, or judgment, with your own thoughts and perceptions.

Erfahren heißt, wenn du aufhörst, zu denken und beginnst, zu fühlen. Denken ist ein ständiges Erschaffen mit dem Zweck, das Erfahren zu vermeiden.

Experiencing means you stop thinking and start feeling. Thinking is a continuous creating to avoid experiencing.

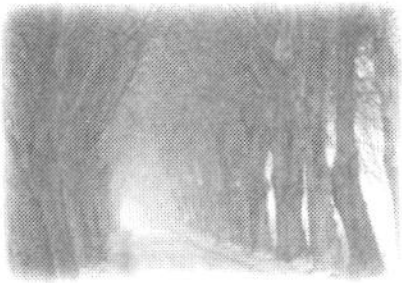

Erfahrung
Experience

Erfahrung ist das Gegenteil des Erschaffens. Du erfährst deinen Weg zurück zum Ursprung. Mit dem Versuch, dich zum Ursprung zurück zu erschaffen, arbeitest du gegen dich und erschaffst Identität.

Experience is the opposite of create. You experience your way back to source. If you attempt to create yourself back to source, you work against yourself and create identity.

Eine der merkwürdigen Eigenschaften dieses Universums besteht darin, dass, wenn du etwas erschaffst, aber nicht bereit bist es zu erfahren, du es immer wieder erschaffen wirst. Es wird auf dich warten! Ganz gleich, wie lange es dauert!

One of the curious things about this universe is that if you create something and you're not willing to experience it, you keep right on creating it. It will wait for you! However long it takes!

Erfahrung

Experience

Du erschaffst eine Möglichkeit, indem du dich in sie hineinglaubst, und du löst Begrenzungen auf, indem du dich aus ihnen herauserlebst.

You create possibility by believing yourself into it, and you dissolve limitations by experiencing yourself out of them.

Die Strafe für das Akzeptieren des Standpunktes, wonach deine Erfahrungen mit der Welt Ursprung deiner Überzeugungen sind, besteht darin, dass du zu einem Geschöpf wirst, das in engen Grenzen gefangen ist und um sein Überleben kämpft.

The penalty for accepting the viewpoint that your experience with the world is the source of your beliefs is that you become a creature burdened by limitation and surrounded by challenges to survive.

Erfahrung

Experience

Die Belohnung für Erfahrung ist eine erweiterte Perspektive; alles andere ist nur Information.

The prize of experience is perspective; everything else is just information.

Glaube erschafft Wirklichkeiten und Erfahrung löst sie wieder auf – das ist der Kreislauf der Schöpfung.

Believing defines realities, and experiencing dissolves realities—that is the cycle of creation.

Erfahrung

Experience

Die Schöpfung ist ein Kreislauf, der mit Glauben beginnt und mit dem Erfahren endet.

Creation is a cycle that begins with believing and concludes with experiencing.

Du verdienst es, deine Schöpfung deiner selbst in all ihrer Herrlichkeit zu erfahren.

You deserve to experience your creation of you in all its wonder.

Erfahrung

Experience

Der Idee von Karma liegt folgender Mechanismus zugrunde: Was immer wir erschaffen, werden wir schließlich erfahren. Die Absicht, mit der wir eine Schöpfung in Gang gesetzt haben, ist maßgebend für das Leiden oder die Freude, die wir, wenn sie zu uns zurückkommt, mit der Erfahrung assoziieren.

This is the mechanism behind the idea of karma. Whatever we create, we will eventually experience. The intention with which we launched the creation will determine the suffering or joy we perceive as associated with the experience when it comes around.

Erfahren ist das Wiederfinden deiner eigenen Absicht.

Experiencing is the recovery of your own intention.

Angst, Zweifel, Begrenzung & Einschränkung

Fear, Doubt, Boundaries & Limitations

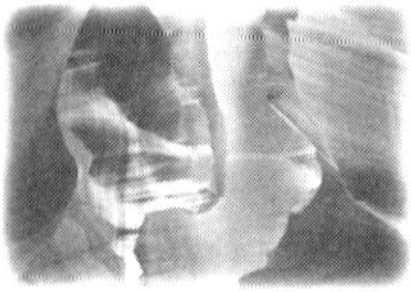

Angst, Zweifel, Begrenzung & Einschränkung

Fear, Doubt, Boundaries & Limitations

Angst ist der Glaube an deine Unzulänglichkeit, mit etwas klarzukommen.

Fear is a belief in your inadequacy to deal with something.

Ängste verschlimmern sich, wenn du von anderen etwas haben möchtest, das du zu brauchen glaubst, aber nicht erschaffen kannst.

Fears compound when you look to others to supply what you believe you must have but cannot create.

Ernsthaftigkeit ist die Erfahrung,
die aus dem Glauben an (oder der Angst vor) Schwierigkeiten resultiert.

Seriousness is the experience resulting from a belief in (or fear of) difficulty.

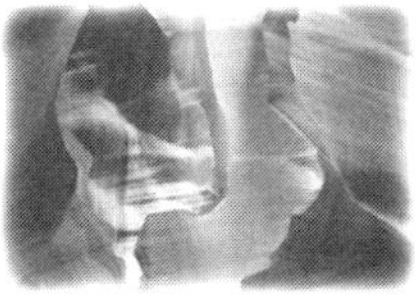

Angst, Zweifel, Begrenzung & Einschränkung

Fear, Doubt, Boundaries & Limitations

Du würdest nicht mitten in etwas stecken bleiben, wenn es nicht das einfach absolut faszinierendste Ding wäre, das du dir vorstellen kannst.

You wouldn't be stuck in the middle of something if it wasn't just absolutely the most fascinating thing you could imagine.

Behauptungen verbergen die Angst vor Unzulänglichkeit.

Assertions hide fears of inadequacy.

Mangel ist eine angelernte Angst.

Scarcity is a learned fear.

Angst, Zweifel, Begrenzung & Einschränkung

Fear, Doubt, Boundaries & Limitations

Nur deine eigene Entscheidung, Grenzen zu haben, begrenzt dich.

You are bound only by your decision to have boundaries.

Ohne einen Bestimmer wird nichts bestimmt.

Without a definer, nothing is defined.

Eine Beschränkung kann ein Grenzübergang oder eine Begrenzung sein.

A limit can be either a frontier or a boundary.

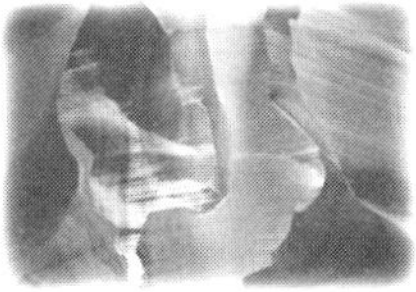

Angst, Zweifel, Begrenzung & Einschränkung

Fear, Doubt, Boundaries & Limitations

Gleich jenseits der Grenzen deiner Sicherheitszone gibt es immer einen Verwirrungszustand.

A state of confusion always exists just beyond the limits of your comfort zone.

Der einfachste Weg, etwas zu ändern, ist deinen eigenen Standpunkt zu ändern.

The easiest way to change something is to change your viewpoint.

Zweifel ist ein Konflikt zwischen neuen Entscheidungen und alten Entscheidungen.

Doubt is a conflict between new decisions and old decisions.

Angst, Zweifel, Begrenzung & Einschränkung

Fear, Doubt, Boundaries & Limitations

Der Ursprung hat keine Begrenzungen, die er nicht selbst wählt, und keine Freiheit, die er nicht selbst erschafft.

Source has no limitations that it does not choose, no freedom that it does not create.

Gefühl

Feeling

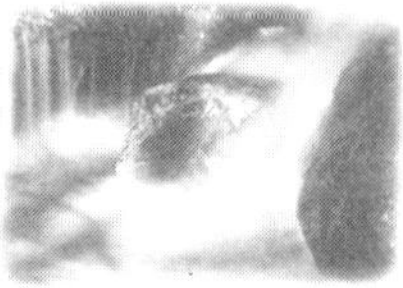

Gefühl

Feeling

Echt zu werden ist die ehrliche, wortlose Antwort auf: „Was ist mein Gefühl dazu?" Und es gibt keine Regeln dafür, wie du fühlen solltest.

Getting real is the honest, nonverbal answer to, „How do I feel about this?" And there are no rules about how you should feel.

Dinge werden umso komplizierter, je mehr Gefühle durch Symbole ersetzt werden.

Things become complicated to the degree that symbols are substituted for feelings.

Gefühl

Feeling

Menschen, die die Absicht haben zu fühlen, *erschaffen*. Menschen die die Absicht haben, das Fühlen zu vermeiden, *denken*.

People who have the purpose to feel create.
People who have the purpose to avoid feeling think.

Fühle das Leben. Leben ist.

Feel life. Life is.

Hinter jeder Handlung steht die Absicht, etwas zu fühlen oder das Fühlen von etwas zu vermeiden.

The purpose behind any action is to feel something or to avoid feeling something.

Gefühl

Feeling

Wenn Kunst uns berührt, öffnet sie Wahrnehmung und Gefühl wieder neu. Gute Kunst zieht uns aus der intellektuellen Welt der Worte zurück in eine direkte Erfahrung der Welt. Sie bringt uns ins Leben zurück.

The reopening of perception and feel is the impact of art. Good art pulls us back from an intellectual world of words into an actual experience of the world. It brings us back to life.

Gott, Dankbarkeit & Gnade

God, Gratitude & Grace

Wir können Gott aus dem einfachen Grund nicht verstehen, weil Gott die Fähigkeit des Verstehens selbst ist – nicht das Objekt, das verstanden wird. Vertrauen und Fühlen allein erkennen Gott.

The simple reason we cannot understand God is because God is that faculty that understands – not the object that is understood. Faith and feeling alone recognize God.

Gott muss nicht vernünftig, logisch oder fair sein, doch es empfiehlt sich, sie so zu erschaffen.

God does not have to be reasonable, logical, or fair, but it is best to create her that way.

Einige behaupten, mit der Erschaffung eines Gottes hätten wir die Verantwortung für unseren eigenen Verstand abgegeben. Andere behaupten, die Erschaffung eines Gottes sei die erste gescheite Aktion, die wir mit unserem Verstand angestellt hätten.

According to some, the creation of a God is a surrender of personal responsibility for our own minds. According to others, the creation of a God is the first sane thing we have done with our minds.

Dankbarkeit öffnet einen Spalt im Bewusstsein, durch den Gnade eintreten kann.

Gratitude opens a crack in consciousness that lets grace in.

Gnade ist immer gegenwärtig und wir erleben sie in dem Maße, wie wir offen dafür sind. Wenn wir begehren oder widerstehen, sind wir nicht offen. Keine Gnade. Getrenntheit. Leiden.

Grace is always here, and we receive it to the degree that we are open to it. When we're desiring or resisting, we're not open. No grace, separation, suffering.

Viele Menschen verbringen einen großen Teil ihrer Zeit damit, nach Befriedigung zu streben, nehmen sich aber fast gar keine Zeit dafür, Dankbarkeit zu empfinden.

Many people spend a great deal of time seeking gratification but almost no time experiencing gratitude.

Glück & Liebe

Happiness & Love

Glück ist eine absichtliche Schöpfung des Selbst-Universums: *Ich bin glücklich.* Natürlich kann das Selbst sich alle möglichen passenden Gründe ausdenken, um sich glücklich oder unglücklich zu machen, aber letztendlich ist es so, weil das Selbst sich dafür entschieden hat.

Happiness is an intentional creation of the self universe: I am happy. Of course, the self can believe in all sorts of appropriate reasons for making itself happy or unhappy, but the bottom line is that the self decided.

Du sammelst etwas an und dann sicherst du es ab. Die beiden gehören zusammen – ansammeln, absichern. Wenn du absicherst, bist du nicht glücklich.

You collect it, and then you protect it. Those go together – collect, protect. When you're protecting, you're not happy.

Weißt du, was dich in dieser Welt glücklich machen wird? Nichts. Irgend ein „Etwas" zu verfolgen, zu besitzen oder beschützen nützt dir nichts. Du bist unglücklich, bis du es bekommst, und hast du es dann, bist du unglücklich, wenn du denkst, du könntest es verlieren.

You know what will make you happy in this world? Nothing. Pursuing, possessing, or protecting any „thing" doesn't work. You're unhappy until you get it, and then after you get it, you're unhappy when you think you might lose it.

Glücklichsein verlangt die Wiederherstellung deines inneren Friedens.

Happiness requires that you restore inner peace.

Glück & Liebe

Happiness & Love

Suche das Glück dort, wo du es verloren hast.

Seek happiness where you lost it.

Wenn du Glück erleben willst, sei glücklich.
Nur ein Narr wartet darauf, dass die Welt ihn glücklich macht.

If you wish to experience happiness, be happy.
Only a fool waits for the world to make him happy.

Jeder Moment, in dem du glücklich bist,
ist ein Geschenk an den Rest der Welt.

Each moment that you are happy is a gift to the rest of the world.

Liebe ist ein Ausdruck der Bereitschaft, einen Raum zu schaffen, in dem sich etwas verändern darf.

Love is an expression of the willingness to create space in which something is allowed to change.

Liebe die kostbare Menschheit. Entdecke dein Glück darin, andere vom Leiden zu befreien.

Love precious humanity. Seek happiness in the relief of others' suffering.

Bedingungslose Liebe ist ein bewertungsfreies, heiteres Annehmen des Strömens des Universums und ein unverbrüchliches Vertrauen in die guten Absichten des Schöpfers.

Unconditional love is a nonjudgmental, serene acceptance of the flow of the universe and an unshakable faith in the good intention of the creator.

Unser Glück, unsere Gesundheit und unser Erfolg werden viel weniger als allgemein angenommen von den Gedanken, Vorstellungen und Einbildungen, die wir über uns selbst haben, bestimmt, sondern von unserer Fähigkeit, diese zu ändern.

To a far greater extent than common knowledge would lead anyone to believe, people's happiness, health, and success are not determined by the thoughts, ideas, and imaginings they have of themselves, but are determined by the ability to change these things.

Wenn du jemanden so liebst wie er ist, dann lässt du zu, dass er zu dem hinwächst, was er werden könnte.

In loving someone for the way they are, you allow them to grow into what they may become.

Dein Dasein in Zeit und Raum ist einzigartig. Deshalb gibt es Leben, die nur du berühren kannst.

Because your existence in time and space is unique, there are lives that only you can touch.

Ehrlichkeit & Unehrlichkeit

Honesty & Dishonesty

Ehrlichkeit & Unehrlichkeit

Honesty & Dishonesty

An deiner Ehrlichkeit misst sich deine Bereitschaft, anderen Einblick in deine Handlungen, Gedanken, Gefühle und Absichten zu geben. Alles, was diese Bereitschaft verringert, entfernt dich weiter vom Ursprung.

Honesty is the measure of your willingness for others to know your actions, your thoughts, your feelings and your intentions. Anything that reduces this willingness separates you further from source.

Wirst du dir selbst gegenüber ehrlicher, dann vergrößerst du die Ehrlichkeit im kollektiven Bewusstsein der Welt. Dadurch wird der Boden bereitet, auf dem eine erleuchtete planetarische Zivilisation aufgebaut werden kann.

Becoming more honest with yourself means introducing more honesty into the collective consciousness of the world, and this lays the foundation upon which an enlightened planetary civilization can be built.

Ehrlichkeit & Unehrlichkeit

Honesty & Dishonesty

Der wahre Beweggrund einer jeden unehrlichen Handlung liegt im Glauben an deine eigene Unzulänglichkeit.

At the bottom of every dishonest act is a belief about your own inadequacy.

Ehrlich zu sein ist in Wirklichkeit eine Mutfrage – Mut, dich dem zu stellen, was du fürchtest.

Being honest is really a question of courage – courage enough to face what you fear.

Ehrlichkeit & Unehrlichkeit

Honesty & Dishonesty

Wir alle sind unehrlich, solange wir nicht voll Mitgefühl daran arbeiten, die kollektive Unehrlichkeit der Welt zu beheben. Wie? ... Jeder von uns muss mutig ein Beispiel für Ehrlichkeit setzen, im eigenen Leben und im Umgang mit anderen.

We are all dishonest as long as we do not compassionately work to correct the collective dishonesty in the world. How?...each of us, in our personal lives and dealings with others, must set a courageous example of honesty.

Ehrlichkeit ebnet einen Weg, der zum Seelenfrieden führt.

Honesty is a path that leads to peace of mind.

Ehrlichkeit & Unehrlichkeit

Honesty & Dishonesty

Ehrlich zu werden ist ein Akt der Selbsterneuerung.

Becoming honest is an act of self renewal.

Du fühlst dich unbehaglich im Umfeld von Menschen, denen gegenüber du nicht wagst, ehrlich zu sein. Sie rauben dir anscheinend deinen Ursprung, doch in Wahrheit gibst du ihn ihnen.

It is uncomfortable to be around people with whom you are afraid to be honest. It appears that they steal your source, but the truth is that you give it to them.

Ehrlichkeit & Unehrlichkeit

Honesty & Dishonesty

Keine noch so große Strafe oder Demütigung kann schlimmer sein als das Leid, das du dir durch deine eigene Unehrlichkeit schaffst.

No amount of punishment or humiliation is worse than the suffering you create for yourself by being dishonest.

Ansehen ist wichtig für diejenigen, die ihre eigenen Absichten nicht ehrlich betrachten können.

Reputation is important to people who cannot honestly look at their own intentions.

Indoktrination

Indoctrination

Indoktrination

Indoctrination

Indoktrination bedeutet, jemanden mit Überzeugungen zu dominieren und dadurch dessen Geist zu verschlingen.

Indoctrination is dominating someone with beliefs. It's eating a mind.

Indoktrination hat zum Ziel, das Bewusstsein eines Menschen derart zu strukturieren, dass er bestimmte Überzeugungen nicht mehr in Frage stellen will oder kann. So und nicht anders ist es!

The goal of indoctrination is to structure someone's consciousness in such a way that there are certain beliefs that the person is unwilling or unable to question. This is the way it is!

Jndoktrination

Indoctrination

Je unangenehmer es dir ist, eine deiner Überzeugungen in Frage zu stellen, desto sicherer kannst du sein, dass du es mit indoktrinierten Informationen zu tun hast.

The more uncomfortable you feel about questioning something you believe, the more likely that you are dealing with indoctrinated information.

Urteile & Zorn

Judgments & Anger

Urteile & Zorn

Judgments & Anger

Es sind die Urteile, die eine Erfahrung schmerzhaft machen.

Judgments are what cause experience to be painful.

Bei den harten Urteilen, die du über andere fällst, geht es genau um die Dinge, die du in dir selbst nicht erkennen willst.

The harsh judgments you make about others are about the same things you resist recognizing in yourself.

Eine Schöpfung, die mit Urteilen behaftet wird, ist dadurch entweder begehrenswert oder sie wird abgelehnt.

Judgments placed on a creation cause it to be either desired or resisted.

Urteile & Zorn

Judgments & Anger

Mit jemandem in Verbindung zu treten bedeutet, zeitweilig seinen Standpunkt zu teilen. Sich verbinden heißt, den Standpunkt des anderen in dich hineinfließen zu lassen. Dafür musst du jegliches Bewerten aufgeben und mit neutraler Aufmerksamkeit zuhören.

Connecting with someone means to temporarily share their viewpoint. Connecting is an inflow of the other person's viewpoint. It requires that you suspend judgment and listen with neutral attention.

Zorn behindert das Erkennen von Richtig und Falsch.

Anger obstructs the discernment of right and wrong.

Urteile & Zorn

Judgments & Anger

Der erste Schritt im Umgang mit Zorn ist, wahrzunehmen, dass er nicht da draußen ist; er ist hier drinnen. Nichts beseitigt den Zorn so schnell wie ein Geständnis.

The first step in handling anger is to realize that it is not out there; it is in here. Nothing abates anger as quickly as confession.

Eine Faustregel: Die Absicht, mit der du eine Sache tust, entspricht genau der Interpretation, die du ihr gibst, wenn jemand anders sie dir antut.

As a rule of thumb, the intention with which you do an action is the same as the interpretation you place on the action when it is done to you.

Leben

Life & Living

Leben

Life & Living

Dein Leben ist von dir als einem höherem Selbst entworfen worden – lass los und genieße, erfahre und entfalte dich!

Your life is designed by you as a higher self – relax and enjoy, experience and grow!

Geburt und Tod sind die Erfahrungsgrenzen eines kurzen Aspektes des Lebens.

Birth and death are the experiential boundaries of one brief aspect of life.

Was ist der Sinn des Lebens? Leben ist. Es bringt keinen Sinn mit.

What is the meaning of life? Life is. It doesn't come with a meaning.

Gesundheit ist eine Indikator für die richtige Ausrichtung und Leistungsfähigkeit deiner Zell-Gesellschaft. Jede Zelle ist lebendig und fähig, mit den anderen Zellen in vertrauensvollem Miteinander zu arbeiten. Das können wir als Hinweis auf die Eigenschaften einer gesunden menschlichen Gesellschaft nehmen: Vertrauen, Respekt, Wertschätzung und Kooperation.

Health is an indicator of the alignment and efficiency of your society of cells. Every cell is alive and is able to work in cooperation and trust with other cells.
This suggests traits for a healthy human society: trust, respect, appreciation, and cooperation.

Das Wunder ist nicht, dass es Leben im Universum gibt. Das Wunder ist, dass es ein Universum innerhalb des Lebens gibt.

The miracle is not that there is life within the universe; the miracle is that there is a universe within life.

Mitgefühl und Rücksichtnahme setzen, selbst wenn sie keine Wirkung auf andere zu haben scheinen, heilende und beruhigende Kräfte in deinem eigenen Körper frei.

Compassion and consideration, even when they do not seem to have an effect on another, release healing and calming forces in your own body.

Deine Lebensumstände sollten als eine Mitteilung gelesen werden, die du dir selbst schickst.

The conditions of your life should be read as a message that you are sending to yourself.

Leben

Life & Living

Wenn alles Lebendige seinen Weg an einem Punkt begonnen hätte, von dem aus einige nach Norden, einige nach Osten, einige nach Süden und einige nach Westen gegangen wären, und wenn dann die Zeit käme, wo das Leben in seiner Ganzheit wieder zusammenkommen sollte, dann müssten einige nach Süden, einige nach Westen, einige nach Norden und einige nach Osten gehen.

If all life began its journey from one point, some going north, some east, some south, and some west, and the time arrived when life was again to rejoin itself in wholeness, the path would be south for some, west for some, north for some, and east for some.

Wenn sich Ereignisse in meinem Leben wiederholen, dann gibt es da eine Lektion, die ich lernen muss.

When events repeat themselves in my life, there is a lesson I need to learn.

Leben

Life & Living

Hingabe ist keine schlechte Sache, wenn sie zur richtigen Zeit ausgeübt wird, doch ständige Hingabe ist nicht der Weg eines Avatar, der auch die Kunst beherrscht, sein oder ihr eigenes Leben zu steuern. Wahre Lebenskunst ist es, zu lernen, wann es Zeit zum Steuern, und wann zur Hingabe ist.

Surrender is not a bad thing when practiced at the right time, but surrendering all the time is not the way of an Avatar who has also mastered the art of steering his or her own life. Learning when to steer and when to surrender is the artistry of living.

Leben

Life & Living

Der Gipfel ehrfürchtigen Staunens ist es, dem nicht zu verstehenden, überwältigenden Mysterium des Lebens von Angesicht zu Angesicht zu begegnen – nicht dem Tod des Körpers, dem der geschulte Suchende ohne Anhaftung zuschauen mag – sondern der tatsächlichen Auflösung des Seins, die sich am Rande des Erwachens zu etwas von derart ungeheuerlicher Breite und Ausdehnung bewegt, dass die Leidenszyklen unseres Daseins belanglos werden. Für alle, die diese Ehrfurcht erlebt haben, ist jegliche religiöse Indoktrination zu einem intellektuellen Wiegenlied geworden: „Geh schön wieder schlafen."

The ultimate in awe is coming face to face with the incomprehensible, overwhelming mystery behind life – not physical death, which the trained seeker may watch without attachment – but the actual disintegration of being teetering on the brink of awakening to something that is so tremendous in its breadth and scope that our own suffering cycles of existence are irrelevant. To those who have experienced this awe, religious indoctrination is an intellectual lullaby: „Go back to sleep."

Geist & Verstand

The Mind

Geist & Verstand

The Mind

Seit der Morgenröte der Selbst-Erkenntnis ist es ein Anliegen gewesen, Geist und Verstand zur Ruhe zu bringen. Alle spirituellen Praktiken enthalten diesen vorbereitenden Schritt auf dem Weg zur Erleuchtung oder Befreiung. Heilige Orte fördern die Stille, voller Ehrfurcht vor dem Unergründlichen. Geflüsterte Gebete und heilige Rituale sprechen von ihrer Bedeutsamkeit. Klöster hegen sie durch Abgeschiedenheit und Verehrung. Legionen von heiligen Männern und Yogalehrern haben Methoden entwickelt, um sie zu erreichen. Warum?
Weil ein unruhiger Geist jeglicher spirituellen Übung im Wege steht.

The idea of achieving a quiet mind has been around since the dawn of self-awareness. It winds its way through all spiritual practices as a preliminary step to enlightenment or liberation. Shrines induce it with reverence for the profound. Whispered prayers and sacred rituals echo its importance. Monasteries nurture it through isolation and reverence. Legions of holy men and yoga teachers have invented techniques for its attainment. Why? Because a turbulent mind is an obstacle to spiritual practice.

Refrains wiederholen sich im Verstand, weil sie in einem Moment größerer Präsenz aufgenommen wurden als dem, der jetzt vom Standpunkt erfahren wird.

Refrains in the mind repeat because they were recorded during a more present moment than the viewpoint is now experiencing.

Die Absicht von Zeremonien und Ritualen ist es, das Denken zu konzentrieren und ihren Einfluss auf den Verstand zu vergrößern.

The purpose of ceremony and ritual is to concentrate thought and increase its influence on the mind.

Es gibt drei Schritte zu einem stillen Geist: Du musst 1.) bereit sein, dich selbst als Ursprung all deiner geistigen Schöpfungen anzunehmen und sie eigenverantwortlich zu erleben, 2.) lernen, das Erschaffen eines neuen Denkens am Ursprung abzustellen und 3.) eine wirksame Methode haben, um die Echos von altem Denken zu diskreieren (ent-schaffen).

There are three steps to achieve a quiet mind: You must 1) willingly accept and responsibly experience yourself as source of all your mental creations, 2) learn how to turn off the creation of new thinking at the source, and 3) have an effective technique for discreating the echoes of old thinking.

Je weniger Geheimnisse wir haben, desto flexibler wird unser Geist.

The fewer secrets we have, the more flexible our minds become.

Geist & Verstand

The Mind

Es ist möglich, Verfahren zu entwerfen, die jede Funktion des Verstandes umwandeln, das endgültige Verfahren jedoch gibt dem Wesen die Kontrolle über den Verstand zurück.

Procedures can be formulated to modify any function of the mind, but the ultimate procedure returns control of the mind to the being.

Motivation

Motivation

Motivation

Motivation

Motivation ist eine anhaltende innere Energiequelle, die es einem Menschen ermöglicht, absichtlich und bewusst zu handeln, um Hindernisse zu überwinden.

Motivation is a sustained inner energy source that enables a person to deliberately act to overcome obstacles.

Jemanden zu inspirieren bedeutet, in ihm eine Sichtweise zu erwecken, die erkennt, dass etwas, das vorher unmöglich erschien, tatsächlich erreicht werden kann.

Inspiring someone is awakening a viewpoint that realizes that something that seemed impossible can actually be done.

Motivation

Motivation

Wenn du auch nur bedingt absichtsvoll am Leben teilnehmen willst, musst du dir als Erstes ein Ziel setzen.

If you wish to participate in life with any degree of deliberation, your primary action must be to set a goal.

Eine motivierte Handlung ist ein anhaltendes Bemühen mit einer zielgerichteten Absicht.

A motivated action is a sustained effort aligned with a purposeful intention.

Motivation

Motivation

Was du für einen unmöglichen Traum hältst, könnte eine vernünftige Sache sein, wenn du nur anders denken würdest.

What you think of as an impossible dream might be reasonable if you thought differently.

Aufzuwachen ist gewissermaßen die Einsicht, dass es andere Möglichkeiten gibt.

Awakening, in a sense, is realizing there are other possibilities.

Ordne dein Leben in Schubladen. Lass es nicht zu, dass die Bereiche, in denen du Schwierigkeiten hast, jene Bereiche vergiften, wo alles gut läuft.

Compartmentalize your life. Don't allow those areas where you are having difficulty contaminate those areas where you are doing well.

Neid ist der Feind jeden Miteinanders. Ehrliche Glückwünsche bringen den Neid zum Schmelzen.

Envy is an enemy of cooperation. Sincere congratulations melt envy.

Vergangenheit, Gegenwart & Zukunft

Past, Present & Future

Vergangenheit, Gegenwart & Zukunft

Past, Present & Future

Die Vergangenheit existiert nur dadurch, dass sie im gegenwärtigen Moment erschaffen wird.

The past would not exist if it were not being created in the present moment.

Wir schleppen die Vergangenheit nicht mit uns herum, wie es uns manche psychologische Verfahren glauben machen wollen.
Wir erschaffen sie in jedem Moment neu, damit sie unseren Glauben, wie die Vergangenheit gewesen sein soll, bestätigt.

We do not, as some psychological practices would have us believe, drag the past around with us.
We create it moment to moment as it serves to support our beliefs about what the past ought to be.

Vergangenheit, Gegenwart & Zukunft

Past, Present & Future

Was uns über die Vergangenheit vielleicht am wenigsten einleuchtet ist, dass sie vorbei ist. Sie ist zu Ende, fertig, vollendet und kann nicht verändert werden. Nichts aus der Vergangenheit kann ungeschehen gemacht werden. Niemand kann wiedererweckt, bestraft oder getröstet werden. Die Tür ist zu, und kein Bitten und Flehen wird sie wieder öffnen.

Perhaps the least obvious thing about our past is that it is over. It's done, finished, completed, and cannot be changed. Nothing in the past can be undone. No one can be resurrected, punished, or consoled. The door is closed, and it will not be opened by any entreaty.

Die Vergangenheit hat solange einen Einfluss auf uns, wie wir es zulassen.

The past influences us as long as we let it.

Vergangenheit, Gegenwart & Zukunft

Past, Present & Future

Die Vergangenheit ist nicht der Ursprung der Gegenwart; die Gegenwart ist der Ursprung der Vergangenheit als auch der Zukunft. Alles ist hier, in diesem Moment.

The past is not the source of the present; the present is the source of the past and the source of the future. It's all here, right now.

Vergangenheit und Zukunft existieren nur, wenn wir uns absichtlich (oder aufgrund unserer Programmierung) entscheiden, in der gegenwärtigen Zeit eine Erinnerung oder ein Bild von ihnen zu erschaffen.

The past and the future do not exist unless we deliberately (or by some default process) decide to create a memory or image of them in present time.

Vergangenheit, Gegenwart & Zukunft

Past, Present & Future

Alles was es gibt wird genau in diesem Moment erschaffen.

Everything that exists is being created right now.

Dieser gegenwärtige Moment ist der Beginn der Zeit.

This present moment is the beginning of time.

Entfernen wir uns davon, der Ursprung unserer Überzeugungen zu sein, dann macht sich das Beharrungsvermögen der Vergangenheit zum Ursprung unserer Überzeugungen.

When we move away from being the source of our beliefs, the inertia of the past takes over as the source of our beliefs.

Vergangenheit, Gegenwart & Zukunft

Past, Present & Future

Andere treffen vielleicht nicht die Wahl, von der Vergangenheit frei zu sein und projizieren weiterhin alte Identitäten auf dich. Das musst du ertragen, bis sie durch deine Aktionen dazu gebracht werden, sich ein neues Bild von dir zu machen.

Others may not choose to be free of the past and may continue to project past identities upon you. This must be endured until your actions cause them to reevaluate the identity that they thought you were.

Erkenne, dass du in diesem gegenwärtigen Moment genau da bist, wo zu sein du dich einmal entschieden hast. Es hat keinen Zweck, die Weisheit jener Entscheidung nachträglich zu bezweifeln. Damals hat sie Sinn gemacht.

Realize that in this present moment you are exactly where you once decided you wanted to be. There is no point in second-guessing the wisdom behind your decision. It made sense at the time.

Vergangenheit, Gegenwart & Zukunft

Past, Present & Future

Die Vergangenheit ist eine Vorstellung, die wir in der Gegenwart erschaffen.

The past is an idea we create in the present.

Erleuchtung ist die Entdeckung der Ewigkeit im gegenwärtigen Moment.

Enlightenment is the discovery of eternity in the present moment.

Die Gegenwart ist eine Schöpfung, deren Grenzen innerhalb des gegenwärtigen Augenblicks liegen.

Present time is a creation whose limits lie within the present moment.

Wirklichkeit

Reality

Wirklichkeit

Reality

Die Wirklichkeit besteht aus den Erfahrungen, die du für wirklich hältst. Was wirklich ist, kann für jeden das Gleiche sein – oder auch nicht.

Reality consists of the experiences you believe are real. What is real may or may not be the same for everyone.

Die Wirklichkeit kann alles sein – je nachdem, für was du sie hältst.

Reality is anything you believe it to be!

Wirklichkeit

Reality

Wenn du verstehst, dass du deine eigene Wirklichkeit erschaffst, lernst du, sie mit der gleichen Hingabe und Achtung zu erfahren wie die Segnungen eines unendlichen Schöpfers.

Understanding that you create your own reality, you learn to experience it as devoutly and as respectfully as any blessing bestowed by any Infinite Creator.

Die Wirklichkeit ist jetzt, und sie beginnt und endet mit dir.

Reality is now, and it begins and ends with you.

Wirklichkeit

Reality

Die Eintrittspforte zu einer Wirklichkeit ist dein unzweifelhafter Glaube, dass du sie erleben kannst.

The entrance door to a reality is that you believe, without doubt, that you can experience it.

Fantasien sind mögliche Erfahrungen, die von den Menschen für unreal gehalten werden.

Fantasies are the possibilities of experience that people believe are not real.

Wirklichkeit

Reality

Gewissheit ist keine Informationssammlung; sie ist die Entscheidung, die eine erfahrbare Wirklichkeit erschafft.

Certainty is not a body of information; it is a decision that creates an experiential reality.

Füge dem Meer nur einen einzigen zusätzlichen Tropfen hinzu und sein Volumen, seine Temperatur und seine Strömungen werden sich mikroskopisch verändern. Genauso verändert sich jedesmal, wenn ein Individuum ihre oder seine Überzeugungen ändert, die Matrix, aus der kollektive Wirklichkeit entsteht.

Just as adding a single drop to the ocean causes microscopic changes in the volume, the temperature, and the currents, every time an individual changes his or her beliefs, the blueprint by which collective reality unfolds changes.

Wirklichkeit

Reality

Alle möglichen Wirklichkeiten existieren gleichzeitig, und du hast die Wahl, welcher du deine Aufmerksamkeit widmest.

All possibilities of reality exist simultaneously, and it's your choice which one you choose to focus on.

Verantwortung, Vertrauen & Absprachen

Responsibility, Trust & Agreements

Verantwortung, Vertrauen & Absprachen

Responsibility, Trust & Agreements

Wenn dir etwas begegnet, das du anscheinend nicht diskreieren (ent-schaffen) kannst – eine hartnäckige Masse – dann liegt das daran, dass es da noch einen Ursprung von Schöpfungsenergie gibt (Beharrungsvermögen aus der Vergangenheit oder das Primary/ Hauptanliegen von jemand anderem), für den du noch Verantwortung übernehmen musst.

If you find something that you can't seem to discreate – a persistent mass –it is because it still has a source of creation energy (inertia from the past or someone else's primary) that you have yet to assume responsibility for.

Wenn du das Ziel hast, ein Ereignis zu verändern oder eine Situation zu korrigieren, dann beginne mit dem Anteil, für den du die Verantwortung trägst.

If your goal is to change an event or remedy a situation, the place to start is with the portion that is your responsibility.

Verantwortung, Vertrauen & Absprachen

Responsibility, Trust & Agreements

Verantwortlichkeit bedeutet, genau in diesem Moment Ursprung zu sein. Beschuldigen bedeutet, danach zu suchen, wer Ursprung war.

Responsibility is being source right now. Blame is looking for who was source.

Der Sturz aus Unschuld und Gnade beginnt, wenn du sagst: „Ich bin dies. Ich bin nicht das“. Diese Aussage ist die Verleugnung der vollen Verantwortlichkeit und setzt einen Prozess in Gang, in dem du dich als etwas anderes als reines Sein definierst. Das ist der Beginn von Dualität.

The fall from innocence and grace begins with, „I am this. I am not that.“ This statement is a denial of full responsibility and begins the process of defining yourself as something other than pure beingness. It is the beginning of duality.

Verantwortung, Vertrauen & Absprachen

Responsibility, Trust & Agreements

Wenn du Verantwortung für dein Leben übernimmst, beginnst du die Weisheit all deiner Schöpfungen zu würdigen und ermächtigende Lehren in ihnen zu entdecken.

When you assume responsibility for your life, you will begin to appreciate the wisdom of all your creations, and you will find in them empowering lessons.

Es ist besser, Avatar tausendmal zu verleugnen, als es auch nur ein einziges Mal zu benutzen, um eigene Handlungen zu rechtfertigen. Stelle keine Sache höher als deine persönliche Verantwortung.

It is better that you denounce Avatar a thousand times than to use it even once to justify your actions. Champion no cause above personal responsibility.

Verantwortung, Vertrauen & Absprachen

Responsibility, Trust & Agreements

Dies ist ein gefährlicher Vorschlag – aber: Verantwortlichkeit der Menschheit gegenüber ist höher als Verantwortlichkeit sich selbst gegenüber. Wenn deine Handlungen aus der Verantwortung für die Menschheit entspringen, werden Kräfte freigesetzt, die auf sehr vorteilhafte Art dein Leben verändern.

It is a dangerous proposition, but responsibility to humanity is above responsibility to the self. It is when you begin to act out of responsibility to humanity that forces are released that transform, in a very favorable way, your life.

Menschen, die ständig das Thema Vertrauen behandeln, sollte man besser nicht vertrauen.

Those who raise too many issues of trust probably should not be trusted.

Verantwortung, Vertrauen & Absprachen

Responsibility, Trust & Agreements

Die Fähigkeit, Vertrauen ohne Zwang und Überwachung anzunehmen und zu würdigen, fördert Selbstachtung.

The ability to accept and honor a trust without any enforcement or supervision builds self esteem.

Eine Vereinbarung ist das Kind zweier oder mehrerer Köpfe. Sie hat ein Eigenleben, einen Entwicklungsweg, der zur Manifestation als physische Realität führt. Einmal beschlossen, kann sie nicht von einem einzelnen Standpunkt beendet oder angezweifelt, sondern nur durch eine neue Vereinbarung geändert werden, die von den gleichen Köpfen getroffen wird.

An agreement is the offspring of two or more minds. It has a life of its own, a developmental path that leads to a manifestation as physical reality. Once made, it cannot be turned off or discreated by a single viewpoint...It can only be changed by a new agreement by the same minds.

Verantwortung, Vertrauen & Absprachen

Responsibility, Trust & Agreements

Ein Vertragsbruch führt zum Eingeschlossen-sein von Aufmerksamkeit im Universum des anderen.

Broken agreements trap attention in the universe of others.

Wenn du eine Vereinbarung brichst, gerätst du in eine Opferrolle und liegst im Clinch mit einem unnachgiebigen „Secondary“ (hier: Gegenspieler), was nichts anderes ist als deine gebrochene Vereinbarung.

Breaking an agreement drops you into the pretense of victim, locked in a struggle with an unyielding secondary, which is really only your abandoned agreement.

Selbst & Selbstverwirklichung

Self & Self Realization

Selbst & Selbstverwirklichung

Self & Self Realization

Die Vorstellung, die du vom Selbst hast, ist es, was dich vom Ursprung trennt. Der Ursprung ist grenzenlos.

The idea that you have of self is what separates you from source. Source is undefined.

Um bestimmte Vorstellungen zu erleben, benutzt Gewahrsein die Idee eines Selbst. Sie ist die Seifenblase, von der aus du andere Seifenblasen erblickst.

A self is an idea that awareness is availing itself of for the purpose of experiencing certain other ideas. It's the bubble from which you view other bubbles.

Selbst & Selbstverwirklichung

Self & Self Realization

Selbstverwirklichung bedeutet Kontrolle darüber auszuüben, wer dein privates Universum beeinflussen darf.

Self realization is about taking control of who you allow to influence your private universe.

Selbstverwirklichung bedeutet zu wissen, dass du der Alleinherrscher und Schöpfer deines Universums bist und als solcher handelst.

Self realization is knowing that you are, and operating as, the sovereign lord and creator of your universe.

Selbst & Selbstverwirklichung

Self & Self Realization

Bedauern entzieht dem höheren Selbst das Vertrauen. Du vertraust nicht mehr darauf, dass dein höheres Selbst genau die Erfahrung erschafft, die du brauchst, um dich weiterzuentwickeln.

Regret is a break in higher self trust. You stop trusting that your higher self is creating the experience that you need for your own evolvement.

Der Verstand wird mit der Absicht abgeschaltet, die Vorstellung eines festgelegten Selbst zu diskreieren (ent-schaffen). Deshalb tut es so gut, tief zu schlafen.

The purpose of turning the mind off is to discreate the idea of defined self. This is the benefit of a good night's sleep.

Selbst & Selbstverwirklichung

Self & Self Realization

Es ist eine Unmöglichkeit, das Selbst zu verwandeln. Das wahre Selbst ändert sich nie. Die Verwandlung betrifft immer das, was fälschlich für das Selbst gehalten wurde.

There really is no such thing as transforming self. Real self never changes. The transformation is always in that which has been mistaken for self.

Mit zunehmender spiritueller Reife erkennen wir die Leere und Vergänglichkeit des Selbst. Wir gehen über Ziele wie Selbstverbesserung und Selbstermächtigung hinaus und beginnen selbstlos der Aufgabe zu dienen, das Leiden anderer zu vermindern.

As we mature spiritually and recognize the emptiness and impermanence of self, we move beyond the goals of self-improvement and self-empowerment and embrace selfless service to relieve the suffering of others.

Frage jemanden: „Wie würdest du dich selbst beschreiben?“, und aus der Antwort kannst du entnehmen, woran derjenige am häufigsten denkt.

Ask someone, „How do you describe yourself?“ and the answer gives you a good idea of what they think about most.

Spirituelle Praxis & Weisheit

Spiritual Practice & Wisdom

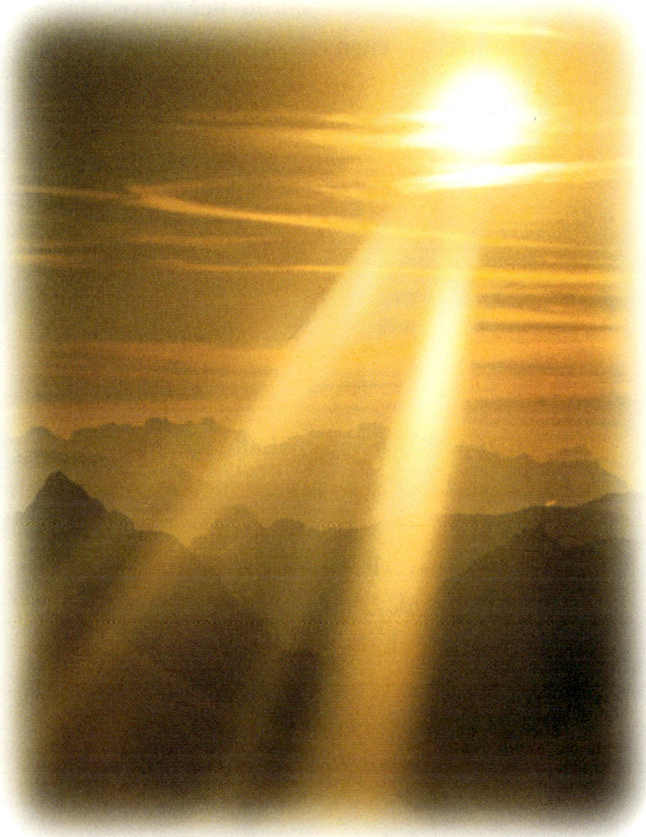

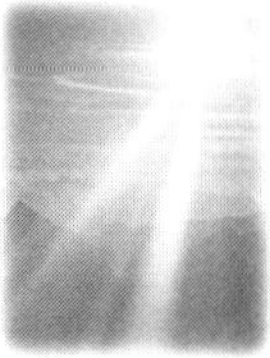

Es ist nicht die Absicht spiritueller Praxis, ein Experte von Ritualen oder Übungen zu werden, sondern wahrhaftig zu erfahren, wer du bist.

The purpose of spiritual practice is not to become an expert in any ritual or practice, but to really experience who you are.

Wenn du wirklich Spiritualtät üben möchtest:

1.) Sei ehrlich, wo du bislang nicht wahrhaft warst.

2.) Übernimm selbst die Verantwortung für das, wofür du vorher einen anderen beschuldigt hast.

3.) Behandle jemanden als gleichwertig, auf den du früher herabgeschaut hast.

4.) Lass einem anderen den Nutzen aus einem Vorteil zukommen, den du früher für dich beansprucht hättest.

5.) Sprich jemandem, auf den du bislang neidisch warst, deine aufrichtigen Glückwünsche aus.

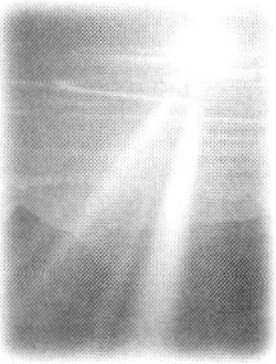

If you really want to practice spirituality:

1) Be honest about something that you were formerly being dishonest about.
2) Take responsibility for something that you were formerly blaming another for.
3) Treat someone whom you formerly felt superior to as an equal.
4) Use an advantage that you formerly used to gain something for yourself to gain something for another.
5) Communicate sincere congratulations to someone whom you formerly felt envious of.

Hingabe hat als spirituelle Praxis nur dann eine Wirkung, wenn sie so vollständig geschieht, dass selbst die Hingabe hingegeben wird.

Surrender, as a spiritual practice, works only when it is done so completely that even the surrendering is surrendered.

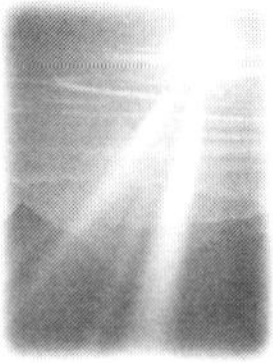

Wahre Spiritualität hat letztlich nichts mit Belohnungen zu tun; sie hat mit inneren Erfahrungen im täglichen Leben und der Wertschätzung des Daseins zu tun.

True spirituality is not about ultimate rewards; it is about a daily inward experience and appreciation of existence.

Spirituelle Übungen sollten einem unerwachten Bewusstsein nicht beigebracht werden; sie würden von ihm verdreht werden, um Grausamkeit zu rechtfertigen.

Spiritual practices should not be taught to unawakened consciousness; the practices will become twisted to justify cruelty.

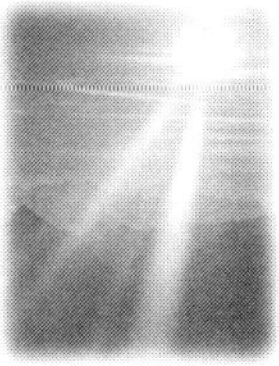

Erleuchtete Lehrer haben sehr bald erkannt, dass es für Schüler und Praxis gleichermaßen schädlich ist, wenn der unvorbereitete Schüler zu früh mit fortgeschrittenen Übungen in Kontakt gebracht wird. Beim unvorbereiteten Schüler führen fortgeschrittene Übungen zu Stolz und arrogantem Wissensmissbrauch. Er beginnt, andere zu manipulieren und sich zum Kult-Guru hochzustilisieren und unterbricht damit nicht nur seine eigene spirituelle Entwicklung, sondern entweiht auch die Lehren für andere.

Enlightened teachers recognized very early that presenting advanced spiritual instruction to unprepared disciples was harmful both to the disciple and to the practice. To the unprepared disciple, the advanced teachings engender pride and arrogant abuses of knowledge. Such disciples become manipulators of others, cult gurus, and not only cut the cord of their own spiritual advancement, but profane the instructions for others.

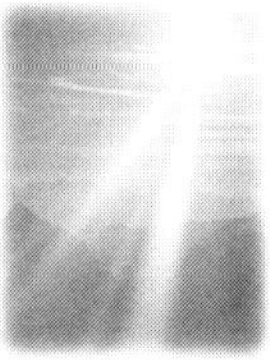

Wenn eine Einführung zum Ritual wird, ersetzt Indoktrination die Selbstverwirklichung. Besorgnis über die richtige Ausführung des Rituals führt zu einem frömmelnden Ego. Wiederholung führt zur Gewöhnung. Gewöhnung führt zur Unbewusstheit. Unbewusstheit führt zu Dummheit und Intoleranz. Dummheit und Intoleranz führen zu Grausamkeit und Unbeweglichkeit. Das ist die Geburt von einer Religion.

When the initiation turns into ritual, indoctrination replaces realization. Concern with the performance of the ritual creates the pious ego. Repetition leads to habit. Habit leads to unawareness. Unawareness leads to ignorance and intolerance. Ignorance and intolerance lead to cruelty and inflexibility. Religion is born.

Alles, was einen Menschen nicht spirituell weiterbringt, ist bestenfalls trivial.

Anything that does not contribute to someone's spiritual attainment is at best trivial.

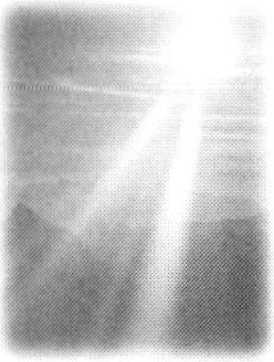

Führen zufällige Umstände zu einer spirituellen Übung, kann das zu ziemlich merkwürdigen Religionen führen. Ich esse Kohl, denn der Garten gab nichts anderes her; also folge ich dem Willen Gottes. Esst Kohl.

Turning happenstance circumstance into a spiritual practice has led to some pretty strange religions. I eat cabbages, because that's all the garden would grow; therefore I am following the will of God. Eat cabbages.

Viele verletzliche Momente des Nichtwissens zu ertragen führt als Gesamtergebnis zu Weisheit.

Wisdom is the cumulative result of enduring many vulnerable moments of not knowing.

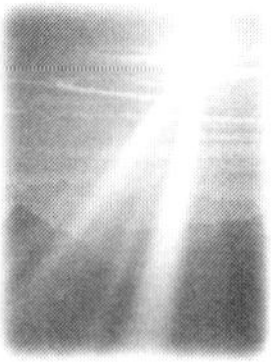

Flexible Weisheit wird genutzt, unflexible zur Schau gestellt.

Flexible wisdom gets used; inflexible wisdom gets framed.

Weisheit gleicht festem Ton; du musst ihn mit eigenen Händen bearbeiten, um ihn brauchbar zu machen.

Wisdom is like stiff clay; you have to work it with your own hands before it becomes useful.

Dem Pfad anderer zu folgen, führt zu dem, wer sie sind – nicht zu dem, wer du bist.

Following another's path leads to who they are, not to who you are.

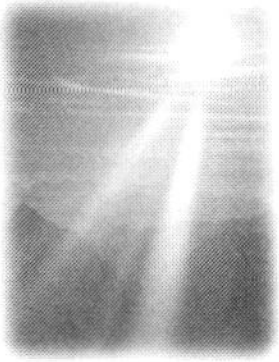

Die wahre Antwort auf die Frage „Wer bin ich?“ ist das Erwachen von genug Selbstbestimmung, um eine interessantere Frage zu stellen.

The real answer to Who am I? is the awakening of enough self-determinism to ask a more interesting question.

Nichtwissen ist nie gleichbedeutend mit Dummheit, doch für die spirituelle Praxis gilt das ganz besonders. Nicht zu wissen, dass du nichts weißt – das ist Dummheit.

In anything, but in spiritual practices particularly, not knowing does not equal ignorance. Not knowing that you don't know is ignorance.

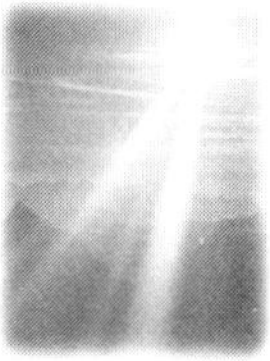

Nur wenige Wesen haben je die Möglichkeit oder die Neigung, sich auf das Erforschen echter spiritueller Übungen einzulassen. Diese Bereiche fordern als Eintrittspreis bestimmte Geisteshaltungen und Charaktereigenschaften. Mit Avatar können diese Geisteshaltungen und Eigenschaften bewusst entwickelt werden, und im Rückblick werden sie sich als das Einzige im Leben herausstellen, das einer Entwicklung wert war.

Only a few beings ever have the option or inclination for exploring genuine spiritual practices. These are domains that demand certain attitudes and qualities of character as rights of admission. These attitudes and qualities can be deliberately developed with Avatar and, in retrospect, will be considered the only thing in life that was worth developing.

Lass nicht das was du bist, dem was du werden könntest, den Weg verstellen.

Don't let what you are being get in the way of what you might become.

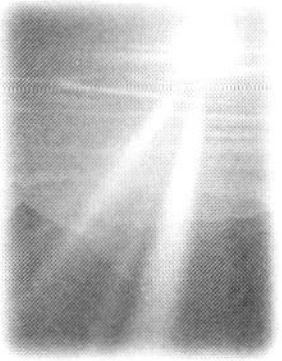

Wer nach spiritueller Freiheit strebt und an irgendwelchem Zeug festhält, sabotiert sich selbst.

Attachment to stuff is self-sabotaging to the quest for spiritual freedom.

Die beste Meditationslehrerin, die ich je hatte, brachte mir bei, Meditation als ein Gegenteil von Leistung zu sehen – Nicht-Leistung. Mach es dir einfach bequem, sagte sie, und verbringe ein paar Minuten damit, nichts zu leisten.

The best meditation teacher I ever had told me to think of meditation as the opposite of achieving – disachieving. Just get comfortable, she said, and spend a few minutes disachieving.

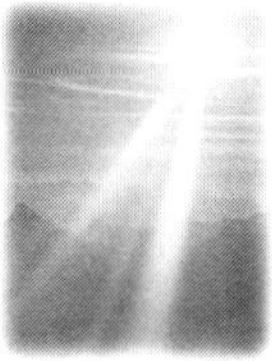

Die Unvollkommenheit vergangener Handlungen zu erkennen, fördert unsere weitere spirituelle Entwicklung.
Das ist die positive Seite des Bedauerns.

Recognizing the imperfections in our past actions inspires our future spiritual development. This is the positive side of regret.

Strategie & Macht

Strategy & Power

Strategie & Macht

Strategy & Power

Macht ist die Fähigkeit, gegenwärtig und gewahr zu bleiben und so die Wirklichkeit zu formen.

Power is the ability to remain present and aware and to shape reality.

***Lebe befreit* ist die Aufforderung, weder dem physischen Universum noch anderen Menschen zu erlauben, den Entwurf deines privaten Universums zu bestimmen. Wach auf!**

Live deliberately is an urging not to let the physical universe or other people dictate the design of your private universe. Wake up!

Auf Gewalt zurückzugreifen ist das Fehlen einer Strategie.

Resorting to force is a failure in strategy.

Am besten betrachtet man eine Handlung daraufhin, ob sie angemessen oder unangemessen ist, nicht daraufhin, ob sie richtig oder falsch ist.

It is best to consider an action in terms of its appropriateness or inappropriateness rather than in terms of right and wrong.

Ein Individuum, eine Organisation oder gar eine Zivilisation werden solange kraftvoll wachsen, wie sie klare, einladende Ziele haben. Stimmen ihre Handlungen nicht mehr mit ihren Zielen überein, beginnen sie zu sterben – zuerst spirituell, dann geistig und zum Schluss physisch.

An individual, an organization, or even a civilization will continue to grow strong as long as it has clear, inviting goals. When it engages in actions that are not aligned with its goals, it begins to die – first spiritually, then mentally, and finally physically.

Macht, die nur dazu benutzt wird, noch mehr Macht zu erwerben, erregt Furcht.

Power that is used only to acquire more power creates fear.

***Ins Unrecht setzen* ist eine der letzten Strategien, die ein verlierender Konkurrent gegen den Gewinner anwendet. Es ist der Versuch, die Früchte des Sieges mit Schuld zu vergiften.**

Make wrong is one of the last strategies that a losing competitor employs against a winning competitor. It is an attempt to associate the fruits of victory with guilt.

Strategie & Macht

Strategy & Power

Feinde, deren Angriffe dich nicht entmutigen, sind bald selbst entmutigt.

Enemies whose attacks fail to discourage you are soon discouraged themselves.

Entschlossenheit ist eine Qualität von Herz und Geist und sollte nicht durch störrische Worte oder Forderungen herabgewürdigt werden.

Determination is a quality of the heart and the mind. It should not be profaned by stubborn words or demands.

Die besten Strategien verlangen keine Wiederholung, sondern bringen eine sich selbst erneuernde Schöpfung hervor.

The best strategies do not require repeating, but result in a self-regenerative creation.

Strategie & Macht

Strategy & Power

Zeit ist erschaffen worden, um deinen Machtverlust zu kompensieren. Hast du genügend Macht, benötigst du keine Zeit. Du bist gegenwärtig.

Time is created to compensate for your loss of power. When you have sufficient power, you won't need time. You will be present.

Wer Beeinflussung nicht erkennt, ist Sie.

He who does not recognize influence is.

Wirklich zu werden hat mit Aufrichtigkeit zu tun. Aufrichtigkeit entsteht, wenn Handlungen und Absichten im Einklang sind.

Getting real is about being sincere. Sincerity is the alignment of actions with intentions.

Strategie & Macht

Strategy & Power

Rechte Lebensführung heißt, deine Grundbedürfnisse achtsam und ohne zukünftige Verurteilung oder Reue zu befriedigen. Rechte Lebensführung ist für die Grundbedürfnisse anderer (in Gegenwart und Zukunft) nicht bedrohlich. Rechte Lebensführung ist respektvoll und voll Anerkennung für andere. Rechte Lebensführung schenkt anderen neue Möglichkeiten.

Right conduct is satisfying your basic needs in a deliberate way that does not lead to future condemnation or regret. Right conduct does not threaten anyone else's basic needs (present or future). Right conduct communicates a recognition and respect for the other. Right conduct is a gift of opportunity to others.

Erfolg

Success

Erfolg

Success

Die meisten Anbieter von selbstbezogenen Erfolgsseminaren übersehen, dass sie selber schon abgeschlossen haben, nur für ihr eigenes Vorankommen zu arbeiten und jetzt motiviert sind, anderen zum Erfolg zu verhelfen.

One of the things that is missed by most purveyors of self-centered success courses is that they themselves have graduated out of merely working for their own advancement and are now motivated to see others succeed.

Die Absicht bestimmt die Strategie, Strategie bestimmt die Macht, Macht bestimmt die Produktion und die Produktion bestimmt den Erfolg.

Purpose determines strategy, strategy determines power, power determines production, and production determines success.

Verpflichtung bedeutet, dich mit deinen Handlungen hinter dein Primary (Absicht) zu stellen. Unternimm etwas!

Commitment is backing up your primary with action. Undertake something!

Erwartungen werden im Verhältnis zu deinen ehrlichen Bemühungen erfüllt.

Expectations are fulfilled in ratio to sincere effort.

Die wichtigste Fähigkeit erfolgreicher Menschen ist, ihre eigene Aufmerksamkeit unter Kontrolle zu haben.

The primary skill of successful people is the ability to control their own attention.

Erfolg
Success

Wenn du, anstatt deine Wahrnehmungen zu beachten, auf deine Gedanken hörst oder auf das, was jemand dir erzählt, dann wirst du bald nur noch deine eigenen Gedanken wahrnehmen. Das ist die Hauptursache für Misserfolge. Du kannst kein Tor schießen, wenn du dahin kickst, wo deiner Meinung nach der Ball sein sollte.

To ignore what you perceive in favor of what you think or what someone tells you to think will soon have you perceiving nothing but your own thoughts. This is a prime source of failure. you can't hit a home run by swinging where you think the ball ought to be.

Was dich hauptsächlich daran hindert, erfolgreicher zu sein, sind die Unbekannten in deinem eigenen Verstand.

The major things that are keeping you from greater success are the unknowns in your own mind.

Erfolg

Success

Menschen, die Unterweisung mit Kritik verwechseln und umgekehrt, bleiben unwissend.

People who mistake instruction for criticism, or vice versa, remain ignorant.

Auf jede Frage, die mit „warum“ beginnt, ist die Antwort: „weil“. Auf jede Frage, die mit „kann“ beginnt, ist die Antwort: „Ja“.

For any question beginning with „why“ the answer is „because“; for any question beginning with „can“ the answer is „yes.“

Erfolg

Success

Nütze allen Reichtum, den du erschaffst, um die Selbsterkenntnis der Menschheit zu unterstützen und voranzutreiben.

Use any abundance that you create to support and accelerate the self-realization of humanity.

Es gibt nur zwei Handlungsweisen: Auf das Biest losgehen, also Fortschritte machen, und den Sieg feiern. Wenn wir uns des Erfolges sicher sind, brauchen wir mit der Siegesfeier nicht bis zur letzten Minute zu warten.

There are only two modes of operation: Whacking at the Beast, meaning making progress, and Celebrating Victory. When we are certain of success, we don't need to wait until the last minute to celebrate victory.

Leiden

Suffering

Leiden

Suffering

Der beste Weg, dein eigenes Leben von Leid zu befreien, sind Taten in der Absicht, das Leiden anderer fühlender Geschöpfe zu lindern.

The best way to remove suffering from your own life is to act with the intention to reduce the suffering of other sentient creatures.

Keine Strafe, die ein Mensch oder ein Verstand sich ausdenken könnte, ist so vernichtend wie die Verdunkelung spiritueller Erleuchtung durch Geheimnisse und Betrug. Demütigungen, Geldstrafen, Gefängnis und sogar eine Hinrichtung sind einem vergeudeten Leben voller Leid vorzuziehen.

The punishments of mind and man are inconsequential in comparison to the obscuration of spiritual illumination that secrets and deception cause. Humiliation, fines, imprisonment, and even execution are preferable to a wasted lifetime of suffering.

Leiden

Suffering

Die grundlegendste Unwissenheit, die dich in eine Existenz voller Leid und Kampf stürzen wird, besteht darin, deine Lektion zu vergessen: „Dies ist nicht-Ich. Dies ist mein Erschaffenes“. Die grundlegendste Beschränktheit, die dich in eine Existenz von Aggression und Zorn stürzen wird, ist es, deine Lektion zu vergessen: „Genau wie ich....“.

The fundamental ignorance that drops you into an existence of suffering and struggle is forgetting the lesson: This is not-I; this is my creation. The fundamental ignorance that drops you into an existence of aggression and anger is forgetting the lesson: Just like me...

Der wahre Nutzen der Vergebung liegt darin, in dir selbst jegliche Bemühung, anderen Leid zuzufügen, aufzulösen.

The real benefit of forgiveness is that you discreate any effort within yourself to cause another suffering.

Leiden

Suffering

Stell dir selbst die Frage: *Warum bist du?* Die Frage heißt nicht: *Warum bin ich?* Mit: *Warum bist du?* erschaffst du einen Standpunkt, der dich mit deinem Schöpfer verbindet. So wird das unvermeidliche Leiden des persönlichen Selbst in ein Erkennen der Lebenslehre im Dienste eines größeren Planes, verwandelt.

The question to ask of yourself is, *Why are you?* The question is not, *Why am I?* Asking *Why are you?* of yourself creates a viewpoint that links you with your creator. The inevitable suffering of personal self is transformed into the recognition of life lessons that contribute to the broader scheme of things.

Niemand kann dich zwingen, auf eine Art zu denken oder zu fühlen, die du nicht wünschst – es sei denn, du lässt es zu.

No one can make you feel or think in a way you don't prefer unless you let them.

Leiden

Suffering

Wenn du anderen Schaden zufügst, nur um selbst nicht zu Schaden zu kommen, schadet dir das mehr als alles, was du vielleicht vermieden hast.

Engaging in harming another solely to prevent harm to yourself is a greater harm to yourself than anything you might have prevented.

Sorge dich nicht mehr darüber, was mit dir geschieht, denn wem es geschieht, bist nicht du. Und dem, was du bist, geschieht nie etwas.

Abandon concern with what happens to you, because what it happens to is not you. And to what is you, nothing ever happens.

Wahrheit & Lügen

Truth & Lies

Wahrheit & Lügen

Truth & Lies

Die Wahrheit – solltest du dich das jemals fragen – ist die Ausrichtung zwischen dem was du erschaffst und dem was du erlebst.

Truth, should you ever wonder, is an alignment between what you are creating and what you are experiencing.

Unser Wahrnehmen der Wahrheit wird davon bestimmt, *als wer* wir schauen und *von wo* wir schauen.

What we look *as* and where we look *from* determine our perception of truth.

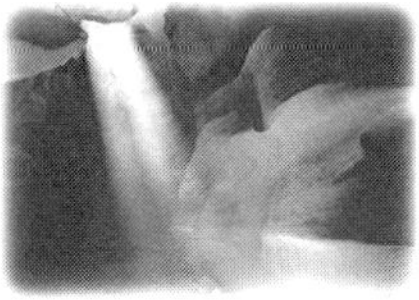

Wahrheit & Lügen

Truth & Lies

Wir erfahren, was wir glauben. Wenn wir das verstehen und dazu uns selbst gegenüber etwas mehr Ungewissheit zulassen, dann schließen wir uns nicht für den Rest des Lebens in einer Wahrheit ein – nur eine einzige Wahrheit macht uns Menschen gegenüber, die etwas anderes für wahr halten, intolerant.

If we understand that we experience what we believe, and if we allow ourselves somewhat more uncertainty, then we don't lock ourselves up in one truth for the rest of our lives – a single truth makes us intolerant toward people who hold another truth.

Die Wahrheit kann weitaus flexibler sein als Täuschung.

Truth can be far more flexible than delusion.

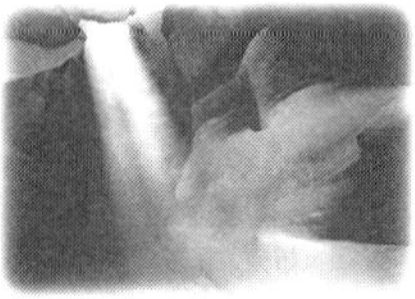

Wahrheit & Lügen

Truth & Lies

Wahrheit ist der Standpunkt des Ursprungs. Eine Lüge ist im Grunde ein Unterhaltungsmanöver.

Truth is the viewpoint of source. A lie is basically an entertainment device.

Würden wir nur die Wahrheit sprechen, dann gäbe es nichts zu sagen.

If we spoke only the truth, there would be nothing to say.

Nichtwissen hat Tiefe. Es ist der Wahrheit so nahe, wie es nur geht. Die Wahrheit ist: keiner weiß.

Not knowing is profoundness. It comes as close as possible to the truth. The truth is nobody knows.

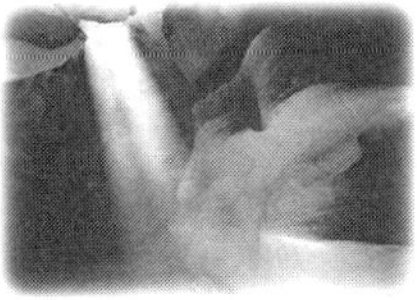

Wahrheit & Lügen

Truth & Lies

Ein erschaffender Gedanke erschafft eine Wirklichkeit; ein Reaktionsgedanke erschafft eine Lüge. Welche Lüge? Ganz einfach: „Ich war's nicht!"

A created thought creates a reality, but a response thought creates a lie. What is the lie? It's simply, „I didn't do it!"

Ich glaube nicht, dass wir die Wahrheit aussprechen können – wir können nur die Wahrheit SEIN. Die Wahrheit liegt jenseits aller Definitionen.

I don't think we can speak the truth – we can only BE the truth. Truth lies beyond definition.

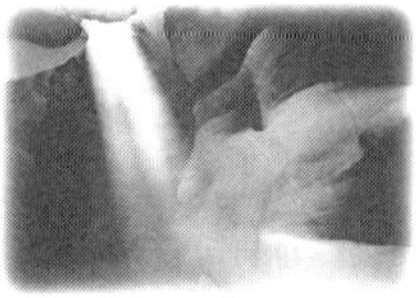

Wahrheit & Lügen

Truth & Lies

In jedem philosophischen Dialog ist nur der Ausdruck: „Ja, so kann man es sehen“ mit Sicherheit wahr.

The only certain expression of truth in any philosophic conversation is, „Yes, that is a viewpoint.“

Es gibt über nichts eine Wahrheit, bevor sie nicht jemand erschafft.

There is no truth to know about anything until someone creates some.

Eine Lüge ist ein Versuch, etwas anderes zu erleben als das, was du gerade erschaffst.

A lie is an attempt to experience something other than what you are creating.

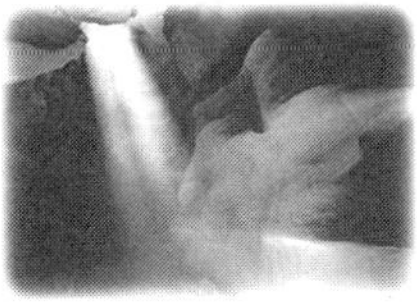

Wahrheit & Lügen

Truth & Lies

Die Wahrheit ist durch den Standpunkt bedingt, von dem aus sie betrachtet wird.

Truth is relative to the point of view from which it is perceived.

Es ist wahr, weil wir sagen, dass es wahr ist. Jeder sieht Wahrheit – von seinem Standpunkt aus.

It's true because we say it's true. Everyone, from their viewpoint, is seeing truth.

In einem auf Dualität gegründeten Universum gibt es immer einen gegensätzlichen Standpunkt.

In a universe based on duality, there is always an opposite viewpoint.

Die Welt

The World

Die Welt

The World

Es gibt keinen Grund anzunehmen, dass die wahrgenommene Welt eine Illusion oder dass sie real oder dass sie sonstwas ist. Sie ist einfach eine Erscheinung. Binde dich so sehr oder so wenig an diese Erscheinung wie es dir beliebt; nur sei bereit, die Konsequenzen zu tragen.

There is no reason to conclude that the perceived world is an illusion, or that it is real, or that it is anything else. It is just a phenomenon. Become as attached or as unattached to the phenomenon as you wish; just be willing to experience the consequences.

Lebe, während du lebendig bist. Es ist genauso ein Wahn, die Welt zu Lebzeiten für eine Illusion zu halten, wie sie für real zu halten, wenn du tot bist.

Live while you are alive. Seeing the world as illusory while you are alive is as delusional as seeing the world as real when you are dead.

Die Welt

The World

Jeder Moment des Glücks, jeder Moment der Trauer, jede Freundlichkeit, jeder kritische Gedanke hinterlässt Spuren auf dem Plan der Welt.

Every moment of happiness, every moment of sadness, every kindness, every critical thought adds its consequences to the blueprint of the world.

Jndex

Index

Index

Index

Index

Ebenfalls von Harry Palmer:

Die Kunst befreit zu leben ist:
die Kunst, mich als Schöpfer meines eigenen Lebens zu erkennen.
Dann sehe ich, dass mein Leben ein Kunstwerk ist, ein tägliches Opus, Happening, Grand Oevre, das ich selbst mit meinem Bewusstsein erschaffe. Wenn ich dafür die Verantwortung übernehme, bin ich frei.
Das hört sich zuerst einmal anstrengend an, mein Gott, das soll ich alles selber tun?
In diesem Buch erfahren wir, dass wir gar nicht anders können – wir erschaffen unser eigenes Leben, ständig.
Vielleicht bringt uns diese Einsicht dazu, etwas kompetenter im Leben erschaffen zu werden, fähiger, entspannter.
Ja, das geht. Wie?
Das steht in diesem Buch.

Die Kunst befreit zu leben
147 Seiten, Hardcover
ISBN 3-933496-19-5

Manchmal gibt es Bücher, die einem den Durst stillen, die großzügig sind und so nötig, wie das Glas Wasser an einem heißen Tag.
Dieses ist so ein Buch.
Resurfacing heißt Wiederauftauchen, oder hier: wieder an das Licht der reinen Wahrnehmung gelangen. Die Übungen in diesem Buch weisen den Weg, öffnen die Augen, öffnen das Herz.

ReSurfacing
130 Seiten, ca. A4, Broschur
ISBN 3-933496-22-5

Der Thoughtstorm oder, wörtlich übersetzt, Denksturm ist genau das: Ein Teamprozess, in dem das Denken freigesetzt, losgelassen, neu vernetzt wird, in dem es losstürmen darf, mit erstaunlichen Resultaten. Überall, wo Kreativität erwünscht ist, wo festgefahrene Denkwege neuen Erkenntnissen im Wege stehen, wo Entwicklung stagniert, bringt ein Thoughtstorm frischen Wind und neue Perspektiven. Das Buch ist prallvoll mi[t] Anleitungen - man klappt es zu und möchte loslegen.

Harry Palmer
Das Thoughtstorm Handbuch
Eine Evolution des menschlichen Denkens
130 Seiten, Spiralheftung
ISBN 3-933496-51-9

Neu von Bruce I. Doyle III

Bruce I. Doyle III arbeitet seit 25 Jahren als Führungskraft und Berater, sowohl in Organisationen als auch mit Einzelnen. Er wird als inspirierender Leiter geschätzt, der es sich zum Anliegen gemacht hat, Management- und Führungsqualitäten zu vermitteln, die aus dem Herzen kommen.
Sein Konzept „Überzeugungen bestimmen deine Erfahrungen" ist die Grundlage für seine transformative Arbeit. Er leitet Seminare und gibt in diesem Buch Anleitungen zur Selbsterforschung.

Pass auf, was du denkst
Bruce I. Doyle III führt uns zu den Wurzeln unserer individuellen Realität: Den Überzeugungen und Gedanken, mit denen wir unser Leben erschaffen. Alle Erfahrungen, die wir machen, gute und auch schlechte, haben wir selbst veranlasst – und wenn uns das bewusst wird, können wir unsere Überzeugungen und damit unser Leben ändern.
„Wenn du erkennst, dass deine Gedanken und Überzeugungen deine Erfahrungen bestimmen, dann bist du auf dem besten Weg, Meisterschaft über dein Leben zu erlangen." Wie das geht? „Pass auf, was du denkst!"
Wie? Das erklärt Bruce I. Doyle III in diesem Buch.

Inside Avatar – The Book
(Im Inneren von Avatar)

Um ein Exemplar von „Inside Avatar: The Book“ (die deutsche oder die Originalausgabe) zu bekommen, kontaktieren Sie bitte Star's Edge (Die Adresse finden Sie unten).

Geben Sie bitte Ihren Namen, Adresse, Telefonnummer und Kreditkartennummer an. Das Buch kostet US$ 12,95 plus US$ 6 Versandkosten.

Haben Sie noch Fragen zu Avatar?

Star's Edge International
237 N. Westmonte Drive
Altamonte Springs, FL 32714
Tel.: 407-788-3090
Fax: 407-788-1052

e-mail: avatar@avatarhq.com
website: www.starsedge.com

Notizen

Notes

Notizen

Notes